W0058485

ESOTERISCHES
WISSEN

Linda Georgian

Schutz-Engel

Wie wir unsere himmlischen Helfer finden

Deutsche Erstausgabe

WILHELM HEYNE VERLAG
MÜNCHEN

HEYNE ESOTERISCHES WISSEN
Herausgegeben von Michael Görden
08/9668

Aus dem Amerikanischen übertragen von Christa Zettel

Originaltitel:
YOUR GUARDIAN ANGELS
erschienen bei Simon & Schuster, Inc., New York

Umwelthinweis:
Dieses Buch wurde auf chlor- und säurefreiem Papier gedruckt.

INHALT

FÜR ALL JENE MENSCHEN, die sich einsam fühlen, die glauben, keine Aufgabe zu haben; für die Wahrheits-Sucher, für alle Suchenden; für jene, die einen Überfluß an materiellen Reichtümern besitzen, die jedoch die spirituellen Reichtümer vermissen; für jene, die Schmerz und Not erleiden. Mögen die Engel euch allen Trost sein und Sicherheit bringen, so daß auch ihr mit den Engeln fliegen könnt.

Teil eins

Eine Reise
mit den Engeln

Der Grund, weshalb Vögel fliegen können und wir nicht, ist einfach der, daß sie vollkommenes Gottvertrauen besitzen und wir nicht, weil Gottvertrauen zu haben bedeutet, Flügel zu besitzen.

J. M. Barrie: The little white bird

Eine Freundin erzählte mir zwei Witze, die sie kürzlich gehört hatte, die auf anschauliche Weise unsere Schwierigkeiten illustrieren, die wir mit der göttlichen Hilfe haben. Wie können wir wissen, wann Ereignisse von Gott dirigiert werden? Wie können wir wissen, daß die Engel, Gottes Boten, uns zu Hilfe kommen? Diese Witze, sagte sie, stimmen uns nachdenklich: Wieviel müssen wir tun? Ist es damit getan, uns einfach zurückzulehnen und auf ein Wunder zu warten? Wieviel genau ist daran UNSER ANTEIL?

Es hatte den ganzen Tag geregnet, als ein Mann mit seinem Jeep zu Mr. Jones' Haus auf dem Land hinausfuhr, um nach dem achtzig Jahre alten Farmer zu sehen.

»Mr. Jones!« rief der Mann von seinem Jeep aus dem alten Mann zu, der auf der Veranda saß. »Der Regen wird ziemlich stark, und sie sagen, daß der Fluß ansteigt. Sie sollten besser machen, daß Sie von hier wegkommen. Ich nehme Sie mit. Kommen Sie, springen Sie in den Wagen!«.

»Nein, danke«, antwortete Mr. Jones. »Mir kann gar nichts passieren. Gott wird für mich aufpassen.«

»Sind Sie sicher, Mr. Jones?« fragte der Mann.

»Ja«, versicherte Mr. Jones. »Fahr nur weiter, Junge. Gott wird auf mich aufpassen.«

Nun, es regnete und es regnete. Und am frühen Abend war Mr. Jones' Landstraße überflutet. Das Wasser stieg so hoch, daß Mr. Jones nicht mehr auf der Veranda sitzen konnte. Er kletterte auf einer Leiter auf das Verandadach und setzte sich nieder.

Ein Nachbar paddelte in einem Kanu vorüber.

»Mr. Jones, das Wasser steigt ziemlich hoch. Weshalb kommen Sie nicht mit mir?« schlug der Nachbar vor.

»Nein, danke«, bestand Mr. Jones. »Du paddle nur weiter, Junge. Gott wird auf mich aufpassen.«

Der Regen fiel die ganze Nacht. Das Wasser stieg so hoch um Mr. Jones' Haus, daß er auf das Dach klettern mußte, um trocken zu bleiben.

Um Mitternacht flog ein Polizeihelikopter ein, und Mr. Jones hörte die Stimme eines der Stellvertreter des Sheriffs.

»Mr. Jones, wir sind hier, um Ihnen zu helfen. Ich werde diesen Korb hinunterlassen, und Sie steigen hinein. Keine Angst, Sie werden sicher sein«, schrie der Sheriff-Stellvertreter.

»Nein, danke«, schrie Mr. Jones zu dem Helikopter hoch. »Sie fliegen nur weiter, Junge. Gott wird auf mich aufpassen.«

»Sind Sie sicher, Mr. Jones?« schrie der Deputy zurück.

»Ja«, bestand Mr. Jones. »Und nun fliegen Sie los! Gott paßt schon auf mich auf.«

Der Helikopter flog in die Nacht davon.

Um 2 Uhr früh geriet Mr. Jones doch in Panik. Das Wasser stand so hoch, daß es kaum noch einen trockenen Ort auf dem Dach gab. Er stand auf dem höchsten Punkt, sah in den Himmel hoch, erhob seine Hände, und rief aus: »Gott, wie konntest Du mir das antun! Ich dachte, Du würdest mich RETTEN!«

Der Himmel öffnete sich, Licht ergoß sich über Mr. Jones, und er hörte die klare, schallende Stimme Gottes: »WAS GLAUBST DU, WER DEN JEEP, DAS KANU UND DEN HELIKOPTER GESCHICKT HAT?«

Stimmt nachdenklich, nicht wahr? Wie erkennen wir göttliche Hilfe? Vielleicht glauben wir, daß sie nur in extremen Zufällen oder übernatürlichen Wundern sichtbar wird? Und wegen dieser Mißverständnisse versäumen wir die ganz normalen, sogar winzigen Dinge, die Gott uns sendet oder für uns tut.

Der zweite Witz wirft noch mehr Fragen auf.

Ein Mann betritt eines Samstagmorgens die Synagoge, um zu beten, wie er das sein ganzes Leben lang getan hat. Aber dieser Samstag ist anders. Er hat eine besondere Bitte. So bleibt er nach dem Gottesdienst, als alle anderen nach Hause gehen, in dem Gotteshaus sitzend zurück, weil er ein Gespräch mit Gott zu führen hat.

»Gott«, sagt er. »Ich brauche Deine Hilfe. Es ist nicht für mich, es ist für meine Familie. Ich muß in der Lotterie gewinnen. Meine Mutter benötigt eine Operation, mein Sohn braucht eine Zahnspange, meine Tochter will auf das College. Ich habe einfach nicht genug Geld, um für alle zu sorgen. Ich verdiene ganz gut, aber ich habe nicht genug. Sie brauchen meine Hilfe, und ich weiß nicht, was ich sonst tun kann. So, bitte, Gott, kannst Du mir helfen, in der Lotterie zu gewinnen?«

Der Mann geht nach Hause, und als die Lotterie-Gewinne der Woche verkündet werden, ist er niedergeschlagen, weil er nicht gewonnen hat. Am nächsten Samstag betet er wieder in der Synagoge.

»Gott«, sagt er, »vielleicht hast Du mich nicht verstanden, als ich letzte Woche hier war. Ich muß in der Lotterie gewinnen. Ich bin kein selbstsüchtiger Mann. Es ist nicht für mich. Es ist für meine Familie. Meine Mutter braucht eine Operation, mein Sohn eine Zahnspange, meine Tochter muß auf's College, und jetzt habe ich auch herausgefunden, daß wir eine neue Heizung brauchen! Ich habe nicht genug, um für all das zu sorgen. BITTE, GOTT, ich muß in der Lotterie gewinnen!«

Der Mann geht wieder nach Hause, und als die Lotterie-Gewinne verkündet werden, ist er sicher, daß er gewinnen wird, aber er tut es nicht. In Tränen aufgelöst betet er am folgenden Samstag in der Synagoge zu Gott.

»Gott«, ruft er aus, »kannst du meine Gebete nicht hören? Ich muß in der Lotterie gewinnen. Ich SCHWÖRE, es ist nicht für mich. Es ist für meine Familie. Ich bin ein guter Mann, ich arbeite hart, und sie brauchen so viel, und ich kann es ihnen nicht geben. Meine Mutter benötigt eine Operation, mein Sohn braucht Zahnspangen, meine Tochter Geld für's College, wir brauchen eine neue Heizung, und diese Woche fand ich auch noch heraus, daß meine Frau eine Überfunktion der Schilddrüse hat. Gott, HILF mir, in der Lotterie zu gewinnen!«

Nun, der Himmel öffnet sich, und Licht fällt in das Heiligtum der Synagoge nieder, als der Mann die Stimme Gottes hört. »SOHN, KOMM MIR HALBWEGS ENTGEGEN ... KAUFE WENIGSTENS EIN LOS!«

Wir sind in einer Partnerschaft mit Gott, der göttlichen Kraft, der Höheren Macht, wie immer es für dich richtig erscheint, ihn oder sie zu nennen.

Mr. Jones mußte lernen, Hilfe zu erkennen, wenn sie geschickt wird. Der Bittsteller mußte lernen, seinen eigenen Teil zu tun. Metaphorisch ausgedrückt, müssen wir alle erst einmal ein LOS KAUFEN.

Ich habe immer an Engel geglaubt, sogar bevor ich wußte, was sie tun.

In der Kirche hörten wir, daß sie um uns herumflattern. Und meine Mutter erzählte mir, daß die Engel immer hier sind und daß ich einen für mich alleine hätte, vielleicht mehrere. Ich glaubte ihr.

Eines Tages bekam ich auf meinem Dreirad die Idee, daß es großartig wäre, die Stiege hinaufzufahren. Ich war erst vier, wußte also nicht, daß Dreiräder und Stiegen nicht zusammenpassen.

Sobald ich an diesen brillanten Plan gedacht hatte, fühlte ich in meinem Geist die entgegengesetzte Vorstellung. Die kleine Stimme sagte: »Tu's nicht.« Aber ich war vier und wußte noch nicht, daß man auf diese kleine Stimme hören sollte, weil sie oft mehr weiß, als man selbst. Also fuhr ich mein Dreirad mutig und bestimmt die Stiege hinauf. Nun, ich versuchte es. Offensichtlich kam ich nicht sehr weit und fiel die Treppe runter. Beim Sturz schlug ich mir einen Zahn aus, aber es war nur ein Baby-Zahn. Es hätte schlimmer sein können.

Das ist meine erste Erinnerung an die kleine Stimme, das innere Fühlen ... meinen Schutzengel. Ich hatte seinen Ratschlag nicht befolgt und wünschte mir, den Zahn in der Hand, ich hätte es getan.

Schutzengel und Engel im allgemeinen nehmen einen großen Anteil in einer katholischen Erziehung ein. Ich lernte früh, daß sie mehr tun, als herumzuflattern. Meine Mutter lehrte mich, daß unsere Instinkte, die kleine Stimme, die wir alle innerhalb unserer selbst haben, oder die Intuition, die Stimme der Engel ist, die göttliche Hilfe weiterleitet. Sie erzählte mir, daß man sie immer hören kann, solange man ihr nur Aufmerksamkeit schenkt. Und daß man auch antworten kann, ja tatsächlich mit den Engeln KOMMUNIZIEREN kann. Ich hatte Glück, daß ich so früh im Leben davon erfuhr; die meisten Menschen erfahren das nicht mit so jungen Jahren. Einige Menschen erfahren es NIEMALS.

Meine Mutter war eine ziemlich bemerkenswerte Frau. Sie war auf eine Weise sehr konventionell mit ihrem Rosenkranz und ihren Kerzen, aber sie hatte auch ihre unkonventionelle Seite. Ihr ganzes Leben lang war sie fähig, Menschen mit ihren Händen zu heilen. Sie sagte, daß die Engel durch sie arbeiteten. Sie gab damit nie besonders an, aber bei Zusammenkünften der Familie wurde sie immer aufgesucht, wenn jemand unter Schmerzen litt. Man wußte immer, zu wem man gehen konnte.

Sie war auch mit großer intuitiver Kraft und einer gewissen Hellsichtigkeit gesegnet. Sie sagte, das sei ein Geschenk von Gott, Botschaften, die durch Engel überbracht werden. Sie sagte, daß ihr Vater (den ich niemals kannte, weil er bereits verstorben war) diese Gaben auch besessen hätte. Die beiden waren die einzigen in ihrer Familie, die diese Art von Fähigkeiten hatten.

Und dann kam ich des Weges.

Als ich heranwuchs, wurde langsam klar, daß ich die Gaben meiner Mutter und meines Großvaters besaß. Ich wuchs mit diesem Talent heran, mit dieser geistigen Offenheit, die ich als vollkommen normal empfand.

Mein Vater glaubte an Gott, aber diskutierte niemals Religion oder Spiritualität. Er behielt seine Gedanken für sich selbst, aber er sorgte immer dafür, daß ich am Sonntag zur Kirche ging.

Meine ältere Schwester, Sandra, fiel irgendwo in das Spektrum zwischen meinem Vater und meiner Mutter. Sie besaß ein spirituelles Empfinden, aber ihre Erfahrungen waren ziemlich milder Natur.

Als ich fünf Jahre alt war, hatte ich eine persönliche Beziehung zu meinen Schutzengeln. Ich wußte nicht nur, wie ich mich öffnen und dieser inneren Stimme vertrauen konnte, sondern wußte auch bereits, wie ich um Hilfe ersuchen konnte. Das bedeutete nicht, daß ich immer ihrer Führung folgte! Manchmal können Kinder, sogar solche, die es besser wissen, ziemlich dickköpfig sein.

Wie an jenem Tag, als ich in den Bach fiel.

Mein Spielplatz war ein 365-Morgen-Golfplatz. Mein Vater war für den Rasen des Golfplatzes der Stadt von Cleveland verantwortlich, und wir lebten in einem zweistöckigen Gebäude in dem Komplex, der das Klubhaus und ein Sportgeschäft umfaßte. Viele andere Familien lebten in der Zeit der späten vierziger und fünfziger Jahre oberhalb ihrer Geschäfte, aber meines Vaters Arbeitsplatz war nicht ein Schuhgeschäft oder ein Laden, es war ein Golfplatz.

Was für eine großartige Weise aufzuwachsen! Ich hatte eine schier unendliche Grünfläche zum Spielen und Bäume und meinen ganz privaten Bach. Ich pflegte lange Spaziergänge zu machen und zu beten, und dann kleine Frösche und Fische zu beobachten.

Eines Tages, als ich zehn war, ging ich auf dem Golfplatz entlang des Baches spazieren. Die Felsen, die das Wasser abgrenzten, waren schlüpfrig, und die kleine innere Stimme warnte mich: »Gib acht!« Aber ich ignorierte sie und ging auf den Felsen weiter, und hops! – rutschte ich geradewegs in den Bach.

Göttliche Unterstützung ist ziemlich geschickt, aber wenn Du sie ignorierst, hilft Dir das nicht besonders.

Ich kam aus dem Bach heraus, ein wenig durchnäßt, aber ansonsten war ich in Ordnung.

Meine Familie war eine typische Mittelstandsfamilie. Alle meine Großeltern stammten aus Palermo in Sizilien, und so ähnelte das Heranwachsen in meiner Familie so ziemlich dem, was man in Filmen sieht – die typisch italienische Aufregung, Emotion und Intensität.

Meine Mutter Maria und mein Vater Anthony ermutigten uns literarisch, athletisch und sozial. Die liebevolle Umgebung unseres Zuhauses, das meine Mutter mit einer Statue hier, einem Kreuz dort und vielen religiösen Bildern dekoriert hatte, gab uns die Zuversicht, die wir in der Welt draußen benötigten. Ich liebte die Schule und den Sport und liebte es, in beiden Auszeichnungen zu gewinnen: Geschichte, Englisch, Französisch, Fußball, Feldhockey, Pfadfinden, Ballspiel, Golf und Stab-Wirbeln. Ich schien eine angeborene Selbst-Disziplin zu besitzen und lernte tatsächlich GERNE, so daß mich niemand jemals daran erinnern mußte, meine Hausaufgaben zu machen oder mich für eine Prüfung vorzubereiten. Ich hatte eine Ader für Perfektionismus, und was ich mir am meisten wünschte, war, die Beste meiner Klasse zu sein.

Wenn ich eine Prüfung hatte, spürte ich, daß die Engel mir halfen. Sie beschützten mich, wenn ich Sport betrieb. Ich wuchs heran und fühlte mich gesegnet. Natürlich half es, wenn ich der inneren Stimme folgte. Wann immer ich es nicht tat, wie auf dem Dreirad und bei dem Bach, landete ich in der Patsche.

In Zeiten der Not oder wenn ich beunruhigt oder verängstigt war, pflegte ich an meine Schutzengel zu denken. Das beruhigte mich. Die Botschaft war: »Wir haben die Dinge im Griff, also hab keine Angst.«

Dann, als ich zwölf war, begannen außergewöhnliche Dinge zu geschehen.

Die Engel begannen, Überstunden zu machen.

Ich war in der Anfangsklasse der Highschool und saß eines Tages in der Klasse, als ich etwas bemerkte, was wie Farben um Kopf und Schultern meines Lehrers aussah. Dann kamen mir ein Flugzeug und das Wort »Philadelphia« in den Sinn.

Nach der Stunde sprach ich zu meinem Lehrer, und er sagte mir, daß er vorhatte, nach Philadelphia zu fliegen.

Was ging hier vor?

Später erfuhr ich, daß ich seine Aura gesehen hatte, oder das Energiefeld, das alle lebenden Dinge umgibt. Intuitiv hatte ich begonnen, Gedanken von anderen aufzunehmen. Ich erfuhr, daß man das Telepathie nannte, die häufigste Form geistiger Fähigkeiten. Das Gefühl, »etwas zu wissen«. Mit der Zeit verstärkte sich meine Intuition und trat häufiger hervor. Ich beobachtete die Dinge und entdeckte, daß ich in über 80 Prozent der Fälle recht hatte.

Als ich ein Teenager war, erzählte ich meinen Freunden nichts davon. Aber ich erzählte es meiner Mutter. »Keine Sorge«, sagte sie zu mir. »Ich habe diese Gabe auch, und ebenso hatte sie mein Vater.« Sie war also von meinem Großvater über meine Mutter an mich weitergegeben worden. Es ängstigte mich nicht, und ich dachte niemals, daß ich seltsam oder auf irgendeine Art übernatürlich begabt wäre. Es war nur ein Geschenk Gottes.

In der Zwischenzeit studierte ich hart, betrieb Sport und hatte Spaß in der Highschool. Während meiner Senior-Jahre in Warrensville Heights High war ich die Tambourmajorin im historischen Umzug der Miss Teenage Cleveland, in dem ich meinen Stab mit grenzenloser Energie und Kunstfertigkeit herumwirbelte. Ich sah wie das typische amerikanische Mädchen aus, wie eine Barbie-Puppe, mit meinem gelockten Haar, glänzenden Augen und einem strahlenden Lächeln.

Die Welt lag mir zu Füßen. Ich besaß in der katholischen Kirche eine solide Glaubensbasis, eine aufgeschlossene Meinung gegenüber Spiritualität und Metaphysik, die ich meiner Mutter, meinen eigenen Erfahrungen und meinem ständigen Fragen und Nachforschen verdankte, und ich war auf dem Weg an die Universität!

1963 schloß ich die Highschool ab, verbrachte ein Jahr an der Universität von Miami, Florida, und schrieb mich dann an der Universität von Ohio ein. Schließlich begann ich mit Freunden über meine Überzeugungen und Erkenntnisse zu sprechen. Meine Zimmernachbarinnen kamen zu mir um Rat. Sie wollten wissen, wie ihre Noten sein würden, oder ob ein Junge, den sie mochten, sie anrufen und zu einem Rendezvous bitten würde. Ich war ihre Kummerkastentante. Meine Intuition und die Unterstützung durch meine Engel wuchsen und wurden ausgeprägter. Ich fühlte mich Gott nahe und war glücklich, daß ich den Menschen helfen konnte.

1968 schloß ich mit einem Diplom in Erziehung an der Universität von Ohio ab und zog mit meiner Familie nach Fort Lauderdale, Florida. In diesem Jahr starb mein Vater, nur achtundfünfzigjährig, an Leukämie. Das Band zwischen meiner Mutter und mir wurde jetzt noch stärker.

Während meiner Jugend hatte ich manchmal, später ständig engelhafte Formen gesehen. Sie waren wie ein milchig weißer Nebel, der auf meiner Höhe schwebte, nicht über mir. Wenn mich diese engelhafte Form berührte, spürte ich Wärme und ein Prickeln und schließlich eine tiefe Entspannung.

Die Engel, die mich leiteten, vermittelten mir niemals den Eindruck, daß sie Namen hätten. Aber ich spürte, daß ich zwei Schutzengel hatte, die immer bei mir waren, einen männlichen und einen weiblichen.

Mein Berufsleben war vorgezeichnet: Ich würde Gymnastik und Sportpädagoik lehren. Mein Zusatz-Diplom im Bereich Lernstörungen machte ich am Florida Institute of Technology. Als Thema meiner Diplomarbeit wählte ich »The Nutritional Approach to Learning Disabilities« (Lernstörungen und richtige Ernährung). Mein Interesse an ganzheitlichen Gesundheitslehren hatte während meiner Kindheit begonnen, als ich nach Möglichkeiten suchte, um meine Migräne zu heilen. Meine Migräneanfälle waren so ein Segen für mich, denn die Suche nach Heilung öffnete mir Türen in die spirituelle Welt.

Als ich Anfang zwanzig war, erkannte ich, daß mein Konzept von Gott sich von einem begrenzten Verständnis, wer »Er« war, nun weiterentwickelt hatte. Ich begann zu erkennen, daß »Er« war, nun weiterentwickelt hatte. Ich begann zu erkennen, daß »Er« ein unendlicher Ozean geistiger Schwingungen ist, eine kosmische Kraft von grenzenloser Intelligenz und Liebe. Ich erkannte, daß diese Höhere Intelligenz verschiedenen Völkern unter vielen verschiedenen Namen bekannt war. »Er« ist neutral: weder Mann noch Frau, weder persönlich noch unpersönlich.

Aus einer Gewohnheit, die auf meine katholische Erziehung zurückgeht, beziehe ich mich auf Gott oft als »Er«. Aber ich dachte niemals, daß Gott eine männliche Form wäre. Ich verstand damals und verstehe heute, daß Gott eine Energie ist, unbestimmbar, nicht begrenzt durch irgendeine Religion, ein Dogma, eine Ideologie, ein Glaubensbekenntnis oder eine vorgefaßte Idee. Durch meine Studien und Reisen erkannte ich, daß wir alle als Sein Abbild erschaffen sind und daß wir uns daher bemühen sollten, uns selbst nicht zu begrenzen.

Mein erster Schritt zu diesen Reisen begann 1970, als ich mich entschloß, nach Japan zu gehen. Ich beschäftigte mich mit dem Konzept der Reinkarnation (Ich bin immer noch nicht – nicht einmal jetzt – sicher, wie ich dazu stehen soll!) und glaubte, daß ich zumindest ein früheres Leben in Japan gelebt hätte; Zeit in Japan zu verbringen schien mir ein guter Ansatzpunkt zu sein, um weiterzuforschen.

Ich würde in einem fremden Land sein, in dem ich die Sprache der Menschen nicht kannte. Ich würde sicherlich von der Führung durch Gott und seine Engel abhängen. »Ohne Reiseführer«, sagte ich zu mir, »wird das sicherlich mein Vertrauen und meine Kommunikation mit Gott auf die Probe stellen.«

Und wie es das tat! Es gibt eine besondere innere Heiterkeit, die entsteht, wenn man seinem inneren Führer folgt. Und sie begann vom ersten Augenblick an, als ich mir diese Reise vorstellte, und hielt während meines ganzen Aufenthalts in Japan an.

Sehr zur Überraschung meiner Familie und Freunde verkaufte ich von einem Tag auf den anderen mein Auto, gab meinen Job als Lehrerin auf und kaufte ein One-Way-Ticket nach Tokio. Ich war fünfundzwanzig Jahre alt und begierig darauf, die Welt zu sehen.

Einige Tage, bevor ich abreiste, sagte mir meine Intuition, daß ich eine wichtige Kontaktperson für meine Reise im Tokio-Restaurant in Fort Lauderdale treffen würde. Ohne diese ungewöhnliche Vision in Frage zu stellen, ging ich geradewegs dorthin.

Die Engel führten mich zur richtigen Zeit an den rechten Ort. Ich traf in dem Restaurant zwei japanische Geschäftsleute, die sich erboten, eine Familie in Osaka anzurufen, von der sie überzeugt waren, daß sie mich einladen würden, bei ihnen zu wohnen. Ich hatte noch nicht einmal amerikanischen Boden verlassen, und schon war mein Vertrauen in die göttliche Führung bestätigt worden.

Meinen ersten Monat in Japan verbrachte ich bei dieser Gastfamilie. Ich unternahm die üblichen touristischen Aktivitäten: Ich besuchte die Weltausstellung in Tokio, die Oper, die Märkte und kulturelle Veranstaltungen. Aber ich meditierte auch, betete und studierte östliche Philosophie.

Als ich fühlte, daß es an der Zeit war, Osaka zu verlassen und weiterzureisen, bestieg ich den Express-Zug nach Tokio.

Da ich keine Seele in dieser Stadt kannte, meditierte ich in der Bahnhofshalle und stellte mir vor, daß jemand, der Englisch sprach, zu mir kommen und mich dort hinführen würde, wo ich bleiben sollte. Plötzlich bekam ich den Eindruck, daß ich mich am falschen Ort befand. Ich erinnerte mich daran, daß ich während meines einmonatigen Zwischenaufenthaltes in Hawaii, bevor ich in Japan eintraf, die Hickam Air Force-Basis angerufen und mich erkundigt hatte, wo die größte US-Basis in Japan lag. Sie befand sich in Tachikawa, die zweitgrößte in Yokohama.

Jetzt, in der Bahnhofshalle entschied ich, daß eine von beiden mein Ziel sein würde, und nicht Tokio. Ich fühlte, daß ich nach Tachikawa gehen sollte, und bestieg den Zug für die einstündige Fahrt. Ich wußte, ich würde dorthin geführt werden, wo ich hingehörte.

Erschöpft und etwas entmutigt kam ich gegen zehn Uhr nachts an, stand alleine, ohne irgend jemand zu kennen, auf dem Bahnhof herum, neben meinen absurd großen Koffern, und dachte immer noch positiv! Weil ich wußte, daß meine Bedürfnisse, welcher Art auch immer, befriedigt werden würden. Ich wußte, daß alles zur Prüfung meines Vertrauens gehörte, also fuhr ich fort, mir selbst zu sagen: »Ich weiß, daß mich die Unendliche Intelligenz an den richtigen Ort führen wird.« Ich hatte gelernt, daß Gedanken reale Energien sind und daß wir mit ihnen unser eigenes Schicksal gestalten können.

Ich verließ den Bahnhof. Als ich durch die engen Straßen wanderte, hörte ich Musik, die aus einer Bar im zweiten Stock eines Gebäudes kam. Es war beinahe Mitternacht. Ich mußte mich ausruhen, und so ging ich hinein. Ich setzte mich, und Minuten später setzte sich eine junge japanische Frau, die ungefähr in meinem Alter zu sein schien, an meinen Tisch.

»Mein Name ist Hiroko«, begann sie. »Und Deiner?«

»Linda«, antwortete ich.

»Wo wohnst Du?« fragte sie.

Ich sagte ihr, daß ich das noch nicht wüßte.

Sie lud mich ein, zumindest diese Nacht in ihrem Haus zu verbringen. Und wo lebte sie? – In Tokio! Ich wurde nach Tachikawa geführt, um einen Aufenthaltsort in Tokio zu finden.

Die beiden Städte liegen etwa eine Stunde voneinander entfernt, und Hiroko arbeitete in der Tachikawa Air Force-Basis. Ein weiterer engelhafter »Zufall«. Ich begleitete sie am nächsten Morgen zur Arbeit. Wir fuhren mit dem kostenlosen Bus für Militärpersonal und Arbeiter der Basis. An der Bushaltestelle traf ich eine junge Amerikanerin, die mich in ihr Haus einlud, wo ich von ihrer Familie herzlich willkommen geheißen wurde.

Ihr Vater war ein Militärbeamter, der fünf Basen leitete, und er half mir, Militärpässe zu erhalten, so daß ich mit Militärflugzeugen und -bussen reisen und alle Klubs und Geschäfte in der Basis besuchen konnte. Während meines restlichen Aufenthaltes in Japan lebte ich bei dieser großzügigen Familie und arbeitete beim Roten Kreuz im Spital der Basis, wo ich im Vietnam-Krieg verwundete Soldaten betreute.

Nach einem Jahr Aufenthalt in Japan kehrte ich im Sommer 1971 nach Fort Lauderdale zurück. Ich war ruhelos, weil ich in der östlichen Philosophie keine Antworten gefunden hatte, nur mehr Wissen, das zu noch mehr Fragen führte.

Als ich versuchte, das Leben, das ich zurückgelassen hatte, wieder aufzunehmen, begann ich, noch mehr über Gesundheit und Spiritualität zu lernen. Ich entschloß mich, in meinem Beruf als Lehrerin zu bleiben, aber ich wollte mich darauf konzentrieren, eine ganzheitliche Lebensweise zu unterrichten. Ich wußte, daß ich auf diese Weise noch mehr tun konnte, anderen zu helfen, und fühlte, daß ich durch die Weiterentwicklung meiner intuitiven Fähigkeiten den Menschen eine größere Hilfe sein konnte.

Dann, in einer heißen, schwülen Nacht in diesem Sommer, saß ich einmal allein am Ufer der Biscayne Bay in Miami und realisierte, daß ich an einem Scheideweg in meinem Leben stand. Ich wußte, daß ich stärkere intuitive – physische – Fähigkeiten besaß als die meisten Menschen: Ich war hellsichtig, konnte Auren sehen und die Führung Gottes und der Engel fühlen. Ich war auf meiner Suche nach den Wahrheiten, die sich mir entzogen, in den Fernen Osten gereist. Ich hatte in vergoldeten Tempeln und in uralten Schreinen, in abgelegenen Kirchen und in großen Kathedralen gebetet. Ich hatte versucht, alles mögliche über die Menschen, die ich traf, zu lernen. Ich hatte mein Gottvertrauen auf vielerlei Weise auf die Probe gestellt. Aber ich fühlte, daß etwas fehlte.

Ich war ein normales menschliches Wesen, eine junge Frau, die, wie die meisten Menschen, manchmal durch den frivolen Lebensstil rundherum beeinflußt wurde. Obwohl ich nicht mein *ganzes* Wesen in den Dienst Gottes gestellt hatte, fühlte ich doch, daß ich von ihm für eine besondere Aufgabe ausgewählt worden war. Ich wußte nur nicht, worin diese Aufgabe bestand, und obwohl ich während des letzten Jahres wiederholt um Führung gebeten hatte, hatte ich keine klaren Antworten erhalten.

In dieser Nacht war ich verzweifelt und unglücklich. Die Wasser der Bucht hoben sich und sprühten, die dunklen Wogen brachen zu meinen Füßen, die Lichter der Stadt tanzten auf der aufgewühlten Oberfläche. Alles, was ich in diesem Moment tun konnte, war zu beten. Ich sagte Gott, daß ich in diesem Augenblick mein Leben an ihn zurückgab; daß ich nicht länger irgend etwas wollte, das nicht zu meinem besten diente.

»Ich möchte nichts mehr in meinem Leben tun außer *Deinen* Willen«, sagte ich.

Plötzlich fand ich mich selbst mit einem neuen inneren Frieden auf das ruhige Wasser starren, als ob die emotionale Reinigung, die ich soeben erfahren hatte, die Wasser der Bucht und meinen Geist gleichzeitig beruhigt hätte.

Am folgenden Morgen wurde ich durch eine Stimme geweckt.

»Linda, ich möchte Dir helfen«, sagte sie.

Überrascht setzte ich mich im Bett auf. Ich dachte, ich hätte geträumt.

»Wir werden mit Dir arbeiten und Dich führen«, fuhr die Stimme fort. »Wir werden Dir viele Möglichkeiten geben, um Dir bei der Verwirklichung Deiner gewählten Arbeit zu helfen.«

Gott hatte schließlich auf meine Gebete geantwortet. Ich fühlte, daß die Stimme göttlichen Ursprungs war. Gehörte sie einem meiner Schutzengel? Einem anderen engelhaften Wesen? War die Stimme im Raum oder in meinem Kopf? Ich kann keine dieser Fragen objektiv beantworten.

Seit diesem Morgen, dem 30. Juli 1971, wird mein Leben von Gott und seinen engelhaften Boten geleitet. Ich kann ihre Anwesenheit fühlen. Jenen, die bezweifeln, daß diese Kräfte existieren, kann ich nur zeigen, wie sie diese Kommunikation selbst erfahren können.

Während der letzten zwanzig Jahre reiste ich viel, studierte und lehrte Menschen aller Altersgruppen und Herkunft die Prinzipien einer ganzheitlichen Gesundheitslehre für Geist, Körper und Seele. Wenn wir unserer inneren Führung folgen, ist die göttliche Hilfe durch die Engel ein Meilenstein für ein gesundes Leben.

Ich lerne genauso gerne von einer weisen alten KAHUNA in den Bergen von Hawaii, wie ich mit einer Nonne in Los Angeles, einem Rabbi in Philadelphia, einem Priester in New Mexiko oder einem Atheisten in Seattle über das Universum diskutiere. Wir alle habe viel voneinander zu lernen und viele Ideen miteinander zu teilen.

Durch meine eigenen Radio- und Fernsehprogramme sowie durch Gastauftritte bei anderen und meine häufigen Vorträge hatte ich das Glück, vielen Menschen zu begegnen, die viele Geschichten zu erzählen hatten. Ich bin ihnen allen dankbar, daß sie mein Leben und das Leben vieler anderer bereichert haben.

Als ich ankündigte, daß ich Geschichten von helfenden Schutzengeln sammeln würde, um sie in ein Buch über die Kommunikation mit Engeln aufzunehmen, antworteten Menschen aus dem ganzen Land mit Briefen, Anrufen und sogar per Fax!

Diese Leute unterscheiden sich nicht von Ihrer Familie, Ihren Kollegen und Freunden. Sie alle machten Erfahrungen, die einen bleibenden Eindruck hinterließen und die in manchen Fällen ihr Leben veränderten. Sie sind Christen, Juden oder gehören keiner offiziellen Religion an. Sie sind Ärzte, Polizisten, Krankenschwestern, Hausfrauen, Journalisten, Schulkinder, Sekretärinnen, Geschäftsleute und Künstler. Sie haben eine College-Ausbildung und höhere akademische Grade oder sie haben niemals eine weiterführende Schule besucht. Sie leben in großen Städten, in Vororten, in Kleinstädten und auf dem Land. Sie sind männlich und weiblich, liberal, konservativ oder irgendwo dazwischen.

Manche wissen genau, was sie von ihren Erfahrungen halten sollen, und manche glauben aus ganzem Herzen daran, daß ihr Leben von Engeln begleitet ist. Manche hatten außerhalb ihres engsten Freundes- und Familienkreises niemals darüber gesprochen. Manche hatten bisher niemals irgend jemandem davon erzählt. Manche hatten seit Jahren in der Öffentlichkeit darüber gesprochen.

Sie alle erzählen die Wahrheit, so wie sie sie erfahren haben.

Einige ersuchten darum, unter anderem Namen genannt zu werden, aber die meisten nennen ihren wirklichen Namen.

In beinahe jeder Geschichte gab es Zeugen für die Erfahrungen.

Es scheint, als ob die Engel ihrer Arbeit ungezwungen und offen nachgehen.

Als ich im ganzen Land Vorträge über Engel hielt, waren die Menschen darauf erpicht, sich zu öffnen. Wenn ich von meinen Erfahrungen erzählte, fühlten sie sich bereit, ihre eigenen wiederzugeben. Einige der Erfahrungen, die Sie hier lesen können, stammen von Menschen, die zu meinen Vorträgen kamen oder die Interviews im Radio oder Fernsehen gehört hatten. Einige sind von meinen Klienten. Und einige sind von Leuten, die zufällig von diesem Buch hörten, die durch Freunde, Kollegen oder die Medien an mich verwiesen wurden.

Es ist wunderbar, dieses neue Interesse an den Engeln zu sehen. Sie waren immer bei uns, und obwohl ich nicht glaube, daß sie in unserer modernen Welt komplett von *allen* ignoriert wurden, waren sie für den größten Teil des zwanzigsten Jahrhunderts mit Sicherheit in der *Öffentlichkeit* außerhalb von Kirchen, Synagogen und Moscheen total abwesend.

Aber während der letzten Jahre ist das Bewußtsein für Engel wieder aufgeblüht. In Büchern, in Zeitschriften und Magazinen, bei Talk-Shows und in Nachrichtensendungen – jedermann spricht über Erfahrungen mit Engeln, über die Lehre von den Engeln und vom Anstieg des Interesses an allem und jedem, was mit Engeln zu tun hat. Göttliche Hilfe durch Vermittlung der Engel gilt nun nicht nur in bezug auf den Glauben, sondern auch in bezug auf optimale physische und emotionale Gesundheit. Sich mit der Bitte um Führung und Stärke an eine Höhere Kraft zu wenden, war immer die Basis des Zwölf-Schritte-Programmes der Anonymen Alkoholiker, und die Kraft der Engel hat bereits ihren Weg in einige der Zwölf-Schritte-Programme gefunden.

Sogar die Psycho-Neuroimmunologie, ein relativ junger Zweig der Medizin, der sich mit der Verbindung von Psyche und Körper befaßt, studiert bereits die Engel-Kraft.

Ladies' Home Journal, eine der auflagenstärksten US-Frauen-Zeitschriften, veröffentlichte die Erfahrungen von Lesern mit Schutzengeln.

Während Engel in der Kunst schon jahrhundertelang Thema waren und schon seit Jahrzehnten in Liedtexten, Filmen und TV-Programmen vorkamen, sind sie seit kurzem auch Gegenstand von Seminaren und Workshops, nationalen Konferenzen und Versammlungen und sogar von Sammler-Klubs.

Während ich dieses Buch zusammenstellte, gab CBS News gegen Ende 1993 das Resultat einer nationalen Umfrage bekannt: 67% der Amerikaner glauben an Engel, 54% glauben, daß sie einen Schutzengel besitzen, und 12% sagen, daß sie mit Engeln kommunizieren.

»Sie glauben, und daher sehen sie«, sagte CBS-Korrespondent Harry Smith.

Eine kürzliche Gallup-Umfrage zeigt, daß 80% der Amerikaner glauben, daß Gott Wunder bewirken kann. Und eine Studie des National Opinion Research Center in Chicago besagt, daß 57% der Amerikaner täglich beten, 78% zumindest einmal in der Woche, und nur 1% betet niemals.

Engel spielen in jedermanns Leben eine enorme Rolle, ob die Menschen sich ihrer bewußt sind oder nicht, ob sie das Engel-Kraft nennen oder nicht.

Wir müssen uns nur umsehen, um zu erkennen, daß eine höhere Kraft unsere Welt leitet, denn es ist einfach ein Wunder, daß wir hier sind, daß wir überleben, daß es uns gutgeht.

Wissenschaftler suchen nach Antworten und geben zu, daß das Unbekannte, das Wunderbare, die kreative Kraft im Universum schwer zu fassen ist. Sie widersteht jeder Definition. Sie kann nicht quantifiziert werden.

In ›The Mind of God‹ beschreibt der Wissenschaftler Paul Davies diese Suche: »Ich begann meine Forschung zu Themen wie dem Ursprung des Universums, der Natur der Zeit und der Vereinheitlichung der Gesetze der Physik und fand mich selbst dabei plötzlich auf einem Territorium, das für Jahrhunderte beinahe ausschließlich zum Bereich der Religion gehört hatte. Doch nun ist da die Wissenschaft, die entweder Antworten liefert auf das, was als dunkles Mysterium belassen worden war, oder andererseits entdeckt, daß die Konzepte, aus denen diese Mysterien ihre Kraft bezogen, tatsächlich bedeutungslos oder sogar falsch sind.« Wissenschaft und Religion versuchen ständig die Fragen des jeweils anderen Bereiches zu beantworten. Sie taten es stets und werden es vermutlich immer tun. »Durch meine wissenschaftliche Arbeit kam ich mehr und mehr zu der Überzeugung, daß das physikalische Universum so wunderbar und erstaunlich aufgebaut ist, daß ich es nicht einfach nur als bloße Tatsache akzeptieren kann.« Er stellt abschließend fest: »Da muß es, scheint mir, eine tiefere Ebene der Erklärung geben. Ob jemand diese tiefere Ebene ›Gott‹

nennen will, ist eine Frage von Geschmack und Definition.«

Werden wir jemals *beweisen* können, daß es einen Gott gibt, eine Höhere Macht, eine Universelle Intelligenz, eine Kreative Kraft? Niemand kann das heute beantworten. Können wir *beweisen*, daß es engelhafte Wesen oder Kräfte gibt? Auch das kann heute niemand beantworten.

Der sogenannte Beweis ist jedermanns individuellem Glauben überlassen. Die Geschehnisse dagegen sind auch ohne Beweis einleuchtend.

Mein Dank geht an alle jene, die so großzügig von ihrer Zeit und ihrem Herzen gaben, um ihre Erfahrungen auf diesen Seiten mitzuteilen.

Wie die Dichterin Emily Dickinson schrieb:

> Ich sprach niemals mit Gott,
> noch besuchte ich den Himmel;
> Doch bin ich des Ortes gewiß,
> als ob der Plan wär' gegeben.

TEIL ZWEI

Engel-Kunde

Lobt den Herrn, ihr seine Engel,
ihr starken Helden, die seine Befehle vollstrecken,
seinen Worten gehorsam!

Psalm 103,20

Religionen und Traditionen haben eine Hierarchie der Engel erstellt, eine Bürokratie, die uns verwirren und sogar von der wahren Natur der Führung und des Schutzes durch Engel ablenken kann.

Es ist nicht nötig, sich die langen Listen von Namen der Engel einzuprägen, ihre Positionen und Pflichten, weil das nicht das ist, worauf es ankommt. Was wichtig ist, ist um vieles einfacher. Wenn man die Bürokratie wegnimmt, bleibt eine Beziehung – eine persönliche Beziehung zu den GEFÜHLEN, die uns leiten, und diese Gefühle, so glauben viele von uns, sind unsere Engel.

Es ist interessant, die Geschichte der Engel zu studieren, weil uns das eine Perspektive gibt, weil sie uns den langen Weg zeigt, den der Glaube nahm, und uns mit einem Bezugsrahmen und einer Basis für unser Bewußtsein von den Engeln versorgt.

Alle Urvölker besitzen Vertrauen in das Unsichtbare, in das Universum, in eine Macht oder in Mächte, die mit uns arbeiten. Der einzige Unterschied besteht darin, wie jede Gruppe das Göttliche beschreibt.

Die Engelkunde ist reichhaltig, variierend und oft verwirrend. Jede der großen Weltreligionen, die an einen einzigen Gott glaubt, besitzt ihre eigene Version der Engel-Geschichte, ihrer Organisation und ihrer Pflichten, aber es gibt vieles, das sich überschneidet, so daß es möglich ist, allgemein anerkannte Traditionen INNERHALB von Judentum, Christentum und Islam wie auch UNTEREINANDER anzuführen.

Obwohl wir in Amerika dazu neigen, Engel mit dem Christentum und besonders mit dem Katholizismus zu verbinden, ist die Vorstellung von Engeln keine Erfindung des Christentums. Das Christentum ist nicht einmal zweitausend Jahre alt und hat vieles von seinem Wissen über Engel von anderen Religionen aus alter Zeit übernommen, vorwiegend vom Judentum, da Jesus Christus Jude war.

Christentum und Judentum haben das Alte Testament gemeinsam, in dem häufig auf Engel Bezug genommen wird. Und im Neuen Testament des Christentums nehmen die Engel weiterhin einen bedeutenden Platz ein. Sie sind bei wichtigen Ereignissen, im Alten wie im Neuen Testament immer gegenwärtig, mit Botschaften von Gott und mit ihrer Hilfe.

Während Engel in vielerlei Variationen und mit verschiedenen spezifischen Aufgaben auftreten können, stimmen diese drei Religionen doch grundsätzlich darüber ein, daß ein Engel ein BOTE Gottes ist. Und daß die Engel VOR den Menschen erschaffen wurden.

Grundsätzlich sind Engel eine Klasse für sich. Sie sind nicht die Seelen geliebter Verstorbener und waren tatsächlich niemals menschlich oder sterblich. Sie sind nicht die Götter der Griechen, Römer oder anderer Mythologien. Engel sind fähig, die Gestalt von Menschen anzunehmen, um uns zu helfen, aber sie bleiben gewöhnlich nicht für sehr lange hier, sobald ihre Aufgabe erledigt ist. Kaum dreht man sich um, sind sie verschwunden und nehmen dabei alles wieder mit, was immer sie mit sich gebracht haben mögen.

Da wir alle wissen, daß es bei jeder Regel Ausnahmen gibt, werden Sie nicht allzusehr überrascht sein zu hören, daß es hier ebenfalls eine gibt: Von dem alten Schriftgelehrten und Propheten Henoch heißt es, daß er durch den Erzengel Michael in den Himmel gebracht wurde, wo Gott ihn in einen Engel verwandelte.

Lassen Sie uns unsere Reise durch die Geschichte der Engel mit den Essenern beginnen, einer jüdischen Sekte, die vor viertausend Jahren im Mittleren Osten von Bedeutung war. Auch zu Christi Zeiten gab es noch Essener, und es wird angenommen, daß er bei ihnen während seiner Jugend lernte.

Die Essener, eine besonders spirituelle Gruppe, die sich selbst als Bruderschaft bezeichneten und einer mehr esoterisch geprägten Linie folgten als die Mehrheit der Juden, glaubten an einen Baum des Lebens mit sieben Zweigen, die sich in den Himmel erstrecken, und mit sieben Wurzeln, die in die Erde wachsen. Die Engel waren sowohl im Himmel als auch auf der Erde mit verschiedenen Aufgaben betraut. Diese Engel, die unter der Führung eines himmlischen Vaters und einer irdischen Mutter standen, besaßen keine Namen. Erst später gaben Judentum und Christentum diesen engelhaften

Schwingungen Namen und physische Beschreibungen, die vertrauten menschlichen Formen ähnelten. Die sieben Erzengel basieren auf den sieben Engeln der Essener, die im Himmel und auf der Erde arbeiteten.

In der alten persischen Religion Zoroasters gebot Gott über sieben spezielle Geister, die verschiedene Funktionen auf Erden für ihn erfüllten. Diese Religion war voller Engel und beeinflußte das alte Judentum um 1000 v. Chr. besonders im Hinblick auf die sieben besonderen Engel, die später im Christentum als Erzengel bekannt wurden.

Die spirituelle und mystische Tradition des alten Judentums blühte für Tausende von Jahren. Bei den Juden heißt es, daß, als Gott den Menschen erschaffen wollte, die Engel fragten: »Was ist der Mensch, daß Du an ihn denkst? Was suchst Du von ihm zu erhalten?«

Gott antwortete: »Er wird mein Gesetz und meine Gebote erfüllen.«

»WIR werden sie erfüllen«, boten die Engel an.

»Ihr könnt es nicht«, sagte Gott.

»Weshalb?« fragten sie.

»Es steht geschrieben: ›Stirbt ein Mensch, ihr sterbet nicht. Trägt eine Frau Kinder, ihr traget keine Kinder. Ißt ein Mensch, ihr esset nicht.«

Also geschah es während Gottes emsigen Tagen der Schöpfung, daß Er den Engeln klarmachte, daß sie nicht sterbliche Menschen sein würden. Nein, Gott hatte für die Engel anderes vor. Sie sollten mit Ihm im Himmel sein und ihm bei der ordnungsgemäßen Leitung des

Universums helfen. Sie sollten über die Menschen wachen, ihnen helfen, ihnen Botschaften von Gott bringen.

Stirbt ein aufrechter Mensch, so erscheinen ihm drei Gruppen von helfenden Engeln, die seinen Eintritt in den Himmel und in den Frieden verkünden, schreibt ein alter jüdischer Lehrer, Rabbi Me'ir. Ein anderer Gelehrter, Rabbi Phinehas, behauptet, daß es einen Engel gibt, der besonders damit beauftragt ist, unsere Gebete zu sammeln und sie Gott zu übergeben. Rabbi Joseph ben Judah lehrte im zweiten Jahrhundert, daß Engel die Menschen am Sabbat vom Tempel zurück in ihre Wohnungen begleiten.

Die jüdischen Lehren weisen auch darauf hin, daß die Engel Gottes Familie sind und daß wir, obwohl sie seine Arbeit tun, DIREKT zu Gott beten können. Im Talmud, der Sammlung jüdischer Tradition, Gesetze und Theologie, heißt es: »Befindet sich ein Mensch in Not, lasse ihn nicht Michael oder Gabriel anrufen, sondern lasse ihn direkt mich anrufen, und ich werde ihn sofort erhören.«

Engel sollten nicht Objekte der Ehrfurcht oder Verehrung sein; DAS war Gott vorbehalten. Und Engel, obwohl sie ewig leben, können doch die Herrlichkeit Gottes nicht sehen. Nur Menschen können Gott sehen, aber nicht, solange sie leben, nur im Augenblick ihres Todes.

Die ursprünglichen Lehren weisen auch darauf hin, daß ein Engel, der unter dem Gebot Gottes handelt, erstaunliche Kräfte besitzt, aber einem Sünder, der sagt: »Ich bereue«, keinerlei Schaden zufügen darf.

Die Engel im Dienste Gottes haben viele Pflichten,

aber die wichtigste ist, über uns auf Erden zu wachen. Die alten Rabbis erzählen viele Geschichten von Wundern: Wie ein Engel beispielsweise ein ertrinkendes Mädchen rettet. Das Alte Testament überliefert viele solche Erzählungen.

Man glaubte auch, daß »wenn ein Mensch seinen Weg geht, ihm eine Engelschar vorausgeht und verkündet: ›Macht Platz für das Abbild des Heiligen Einen, gesegnet sei Er‹.« Die Engel lieben und beschützen die Menschen, weil sie nach dem Abbild Gottes geschaffen sind, schreibt Rabbi Joshua ben Levi in der Mitte des zweiten Jahrhunderts.

Nach jüdischer Lehre vermehren sich die Engel nicht. Alle Engel, die jemals existieren werden, existieren bereits. Und diese Engel haben sehr viel zu tun. Sie kommen, um zu helfen, aber auch, um zu feiern. Und das ZUSÄTZLICH zu den Schutzengeln, die jeder immer um sich hat.

Wie viele Schutzengel haben wir? Die Religionen stimmen in ihren Antworten nicht überein. Nach der ursprünglichen jüdischen Lehre sind jedem Juden elftausend Schutzengel zugewiesen. Im Christentum ist die Zahl der Schutzengel, die einem Gläubigen zugewiesen sind, längst nicht so groß. Katholiken glauben, daß uns bei unserer Geburt mindestens ein Schutzengel zugewiesen wird. Das Christentum begrenzt aber die Zahl unserer Schutzengel nicht. Im wesentlichen können wir so viele haben, wie wir nach Gottes Meinung benötigen.

Bedenkt man die schwierigen Bedingungen, unter denen die Juden in alter Zeit lebten, und besonders die Verfolgung, die sich in vielen Teilen der Welt bis in die Gegenwart fortsetzt, überrascht es nicht, daß jedem Juden elftausend Schutzengel zugewiesen werden sollten.

Die jüdische Philosophie lehrt, diese Welt sei eine »Universität für die Seele«. In »JEWISH ETHICS, PHILOSOPHY AND MYSTICISM« schreibt Louis Jacobs: »Jüdischer Mystizismus... ist ein Zweig der jüdischen Philosophie, aber mit größerer Betonung auf individueller Erfahrung und einer direkten Bewußtheit vom Göttlichen«, und »der Mystiker sucht in seinem persönlichen Leben jene Ideen zu erfahren, über die die Philosophen sprechen.«

Teil dieser direkten Erfahrung des Göttlichen ist der Verkehr mit Gottes Engeln. Da der jüdische Mystizismus die Grundlage für den christlichen Glauben von den Engeln bildete, finden wir große Ähnlichkeiten in den beiden Denkschulen in bezug auf Engel.

An der Wurzel des Glaubens in jeder Religion steht eine Überzeugung, die der jüdische Philosoph Joseph Albo im fünfzehnten Jahrhundert so ausdrückte: Wir dürfen nicht denken, daß etwas unmöglich ist, nur weil unser Verstand nicht erklären kann, wie es funktioniert. Da Gott und seine Engel in seinem Auftrag in unser Leben öfter eingreifen, von Zufällen bis zu größeren Wundern, sind wir an die Worte dieses Philosophen erinnert. Der Mystiker jedoch ist unersättlich neugierig und sucht die unmittelbare Erfahrung auch des Göttlichen.

Wir assoziieren Mystizismus oft nur mit den östlichen Religionen, wie Buddhismus und Hinduismus, Taoismus und Zen-Meditation, oder mit der Visionssuche der Indianer. Aber das mystische Judentum, wie es vor Hunderten und Tausenden von Jahren allgemein praktiziert wurde, und in geringerem Maße auch heute noch, ist sehr ähnlich. Während es sicherlich Unterschiede in der Annäherung und den Methoden gibt, ist das Ziel das gleiche: mit Gott eins zu werden. Die jüdische Mystik glaubt, daß der Mensch buchstäblich nach dem Abbild Gottes erschaffen ist, so daß die Mystik als Prozeß beschrieben wird, sich so lange zu vervollkommnen, bis der Mensch nichts außer Gott reflektiert.

Ein Mystiker ist nicht unbedingt ein außergewöhnlicher Mensch. Jeder – Mann, Frau oder Kind –, der Kenntnis des göttlichen und des göttlichen Aspektes aller Dinge sucht, hat etwas von einem Mystiker in sich. Jeder, der nach einem Buch über Engel greift, besitzt die Neugierde des Mystikers!

Das mystische Wissen des Judentums, aus dem der christliche Glaube an Gott, die Engel und das Universum erwuchs, ist in der Kabbala enthalten, die kein Buch ist, sondern ein System mystischer Lehren. Dieses System wurde im zwölften Jahrhundert Kabbala genannt, was »Tradition« bedeutet, es war jedoch seit alters her praktiziert worden. Seine Lehren wurden mündlich von Generation zu Generation weitergegeben. Die Kabbala ist am besten als ein Denksystem zu verstehen, als ein Weg, die Welt und den Himmel zu erfahren, ein Weg, um in die Mysterien des Universums einzutauchen.

Sie ist keine intellektuelle Beschäftigung mit oder eine Beschreibung von religiösen Gesetzen. Noch ist sie eine Interpretation von Lehrmeinungen. Sie enthält Anleitungen zu Meditation und Versenkung. Doch während bei anderen spirituellen Wegen die Schüler dazu angehalten werden, sich für ihre Suche beispielsweise an einen ruhigen Ort auf einer Bergspitze zurückzuziehen, übt sich der jüdische Mystiker in der Versenkung, während er in der Mitte seiner Gemeinschaft und der Welt lebt. Das war so seit alters her. Früher legten Mystiker großen Wert auf Visionen und Versenkung. Während des Mittelalters in Spanien und im Mittleren Osten konzentrierten sie sich auf die prophetischen Aspekte der Meditation. Europäische Mystiker, besonders in den jüngst vergangenen Jahrhunderten, beteten intensiv.

Im jüdischen Mystizismus blieb der Weg fünftausend Jahre lang der gleiche. Perle Epstein schreibt in »KABBALAH: THE WAY OF THE JEWISH MYSTIC«, daß der Suchende »Gottes Gegenwart aus den Sternen, den Menschen, der Nahrung – aus allem Leben um ihn herum destilliert. Haben sich seine Sinne weiter verfeinert, dringt er in die ätherische Welt engelhafter Wesen, reiner Farbe und reinen Klanges ein, bis er schließlich die unmanifestierte Ebene des Bewußtseins erreicht, die DEVEKUT genannt wird, das Eindringen in Gott, den höchsten Zustand, der für menschliches Bewußtsein erreichbar ist.«

Die Arbeit des Mystikers findet im Geist statt. Um schließlich die Ebene der Engel und Gott zu erreichen, übt sich der Mystiker in Meditation, Kontemplation, Gebet, Analyse, Denken und Visualisieren.

Eine verbreitete mystische Übung ist es, die Reise zu Gott zu visualisieren. Diese Reise kann am besten anhand der Metapher vom Baum des Lebens erklärt werden, eines Baums, dessen Zweige von zehn verschieden-farbigen Sphären gebildet werden, von denen jede eine aufsteigende »Welt« oder Ebene spiritueller Erkenntnis repräsentiert. Dieser Baum wächst in einem Garten, der PARDES genannt wird. Aber bevor man in den Garten kommt, geht man durch das Reich der Ophanim hindurch, Engel, die die Form von Rädern annehmen. Diese Räder sind auch in der Engel-Hierarchie enthalten, die das Christentum später im vierten Jahrhundert offiziell verkündete.

In »THE BOOK OF DIRECTION TO THE DUTIES OF THE HEART«, einem wichtigen mystischen Anleitungsbuch aus dem elften Jahrhundert, von Bahya ben Joseph Ibn Paquda, führt die spirituelle Reise zu den Sphären der Engel und zum Einswerden mit Gott, durch die zehn Ebenen des Lebensbaumes, die jeweils durch ein Tor voneinander getrennt sind, durch das der Suchende hindurchgehen muß.

ERSTES TOR: Studium des Göttlichen in der Natur. Das bedeutet jeden Aspekt unserer irdischen Welt, vom einfachsten Organismus bis zum Menschen.

ZWEITES TOR: Geziemende Verehrung Gottes, die aus diesen Betrachtungen resultiert.

DRITTES TOR: Vertrauen. Zuversicht alleine in Gott und Vertrauen in die göttliche universelle Ordnung.

VIERTES TOR: Zustimmung. Mit Deinem Leben zufrieden werden, zu wissen, daß Du auch durch die Prüfungen des Lebens lernst und daß Du Dich in einer Partnerschaft mit Gott befindest.

FÜNFTES TOR: Heuchelei. Prüfung Deiner Aufrichtigkeit und Deines Glaubens durch Versuchung in Form von Zweifel, Zorn und Verneinung.

SECHSTES TOR: Demut.

SIEBENTES TOR: Reue. Du begegnest Deinen vergangenen Sünden, prüfst ehrlich Deine Handlungen und bereust in Wort, Gedanken und Tat.

ACHTES TOR: Prüfung der Seele.

NEUNTES TOR: Abstinenz. Selbstdisziplin, um sich der Korruption zu enthalten.

ZEHNTES TOR: Heiligkeit.

Wenn der Suchende durch das zehnte Tor hindurchtritt, verläßt er die Ebene der Furcht, die Angst vor dem Göttlichen, und tritt in die Ebene der Liebe ein, in der er die Liebe des Göttlichen direkt erfährt.

Mystiker behaupten aber nicht, daß wir nicht mit den Engeln kommunizieren könnten, so lange wir keine Visionen haben, die uns den Baum des Lebens entlang durch jedes Tor und in den Schoß Gottes führen. Wir stehen mit unseren Schutzengeln und anderen Engeln ständig in Verbindung, ob wir uns dessen bewußt sind oder nicht. Alles, was nötig ist, ist beispielsweise, daß wir Hilfe brauchen – und schon beschaffen sie sie. Es kann sich um eine Hilfe handeln, die wir sofort erkennen können oder auch erst viel später, aber ihre Hilfe ist da. Oft müssen wir nicht einmal denken, »Oh, jetzt brauche ich Hilfe«. Sie sind uns bereits einen Schritt voraus und helfen uns.

Mystiker versuchen ihren Weg bis zur Ebene der Engel und des Göttlichen zu visualisieren. Nach einer derartigen Serie von Visionen hat beispielsweise Henoch, der große alte Schriftgelehrte, die Ebenen des Himmels beschrieben. Über diese Visionen konnte der durchschnittliche Mann von der Straße vom Himmel, von den Engeln und von Gott erfahren, von ihren Pflichten und ihrer Umgebung. Die Mystiker, die diese geistigen spirituellen Reisen antraten, kamen zurück und berichteten den anderen, was sie sahen. Diese Visionen sind die Basis für alles, was auch heute noch Juden und Christen über den Himmel gelehrt wird.

Henoch, Noahs Großvater, stellte die meiste Information zur Verfügung. »Auf dem mystischen Weg zur Vervollkommnung... öffnen Einsamkeit und Gebete sein inneres Auge für die Welt engelhafter Wesen«, schreibt

Perle Epstein in »Kabbalah: The Way of the Jewish Mystic«. »Bald ist Henoch fähig, sich mit Leichtigkeit zwischen der Welt der Menschen und der himmlischen Ebene der Engel hin- und herzubewegen. Als göttlicher Bote, ermuntert er die Menschen, sich von ihren vorwiegend weltlichen Tätigkeiten ab- und spirituellen Tätigkeiten zuzuwenden, während seine hoch entwickelten geistigen Fähigkeiten es ihm ermöglichen, die göttlichen Mysterien direkt von den Lippen der Engel aufzunehmen.«

Henoch unternahm viele Reisen in den Himmel und zurück und beschrieb sie in Metaphern und mit vielen Details. Während seiner letzten meditativen Reise als Sterblicher trifft Henoch beim Eintritt in den himmlischen Palast die erste Ordnung von Engeln. Sie lehren ihn Geheimnisse, und er trifft die göttliche Qualität des Verstehens, eine Frau auf einem Thron. Dann trifft er einen Aspekt Gottes, von dem er sagte, er habe einen Kopf »weiß wie Wolle«, der begleitet ist von einem Wesen, das Henoch für einen Messias hält, ein Mensch, »dessen Gesicht voller Güte war, wie einer der heiligen Engel«. Henoch reist über sieben Berge, lernt von Engeln in einem Tal die Geheimnisse von Blitz und Donner und trifft schließlich Gott, den Henoch den »Alten der Tage« nennt. Sobald Henoch Ihn auf seinem Thron sitzen sieht, wird er lebend in den Himmel aufgenommen und wird zum Engel Metatron.

Der Erzengel Michael erklärt Henoch alle Geheimnisse der sieben Himmel. Gott ist von Tausenden, vielleicht Millionen von Engeln umgeben: Seraphim, Cherubim und Ophanim. Henoch sagt: »Und mein ganzer Körper entspannt sich, mein Geist wurde verklärt. Und ich rief mit einer lauten Stimme.«

Das Buch Henoch, drei Chroniken von Henochs mystischen Reisen in den Himmel und seine Beschreibung und schließliche Transformation in einen Engel, wurden um das zweite Jahrhundert v. Chr. zusammengestellt. Sie sind eine der lebendigsten Beschreibungen des Reiches der Engel und der zehn Himmel.

Im Alten Testament werden nur die Engel Michael und Gabriel mit Namen genannt. Michael reiste mit den Juden aus Ägypten und durch die Wüste, übergab Moses die Zehn Gebote und befreite Daniel aus der Löwengrube. Gabriel brachte Daniel viele Botschaften, unter ihnen die Prophezeiung vom Kommen eines Messias. Später, im Christentum, werden diese Engel Erzengel genannt.

Der Erzengel Raphael erscheint nicht im Alten oder Neuen Testament, sondern im apokryphen Buch Tobit, das die Geschichte eines Mannes, Tobias, erzählt, dem der Erzengel Raphael hilft, wobei er als Mensch auftritt.

Einige Passagen des Alten Testaments beziehen sich auf Engel als heilige Wächter, ein Bezug auf den schützenden Aspekt der Engel.

Im Alten Testament finden sich viele Beispiele dafür, daß engelhafte Qualitäten Menschen zugeschrieben werden. Bei 2. Samuel 14,17 sagt eine Magd, die König David um Hilfe ersucht, »Denn mein Herr, der König, ist gerade wie der Engel Gottes: Er hört Gutes und Böses.« Sie preist die Fähigkeiten des Königs, und bei 2. Samuel

14,20 heißt es, König David ist »weise wie der Engel Gottes, der alles weiß, was im Land geschieht«.

Im Neuen Testament überbringt Gabriel Gottes Botschaft an Maria, daß sie Jesus gebären wird, und sobald er geboren ist, verkündet Gabriel die Neuigkeit den Hirten.

Als Joseph an Maria zweifelt, weil sie schwanger ist, erscheint ihm im Traum ein Engel und sagt: »Fürchte dich nicht, Maria als deine Frau zu dir zu nehmen; denn das Kind, das sie erwartet, ist vom Heiligen Geist« (Matthäus 1,20).

Sofort nach Jesu Geburt plant König Herodes, den Neugeborenen zu töten. Wieder erscheint ein Engel Joseph im Traum, dieses Mal mit einer Warnung und einer Lösung: »Steh auf, nimm das Kind und seine Mutter, und flieh nach Ägypten; dort bleibe, bis ich dir etwas anderes auftrage; denn Herodes wird das Kind suchen, um es zu töten« (Matthäus 2,13).

Der Engel erfüllte sein Versprechen, indem er Joseph wieder im Traum erschien. »Steh auf, nimm das Kind und seine Mutter, und zieh in das Land Israel zurück; denn die Leute, die dem Kind nach dem Leben getrachtet haben, sind tot« (Matthäus 2,19-20).

Joseph, Maria und Jesus gingen nach Israel, aber nicht zurück nach Judäa, weil dort Archelaus nach dem Tod seines Vaters Herodes regierte. Aus Angst, daß der neue König den Tod von Jesus wünschen könnte, ging Joseph statt dessen in das Gebiet von Galiläa, nachdem er wieder in einem Traum gewarnt worden war.

Die Mission der Engel wird im Neuen Testament bei Hebräer 1,14 klar definiert: »Sind sie nicht alle nur dienende Geister, ausgesandt, um denen zu helfen, die das Heil erben sollen?«

Bei Hebräer 2,7 wird Jesus Rolle erklärt: »Du hast ihn nur für kurze Zeit unter die Engel erniedrigt. Du hast ihn mit Herrlichkeit und Ehre gekrönt, alles hast Du ihm zu Füßen gelegt.«

Eine der berühmtesten Erwähnungen von Engeln ist gleichfalls im Neuen Testament zu finden: »Vergeßt die Gastfreundschaft nicht; denn durch sie haben einige, ohne es zu ahnen, Engel beherbergt« (Hebräer 13,2). Man kann es eben niemals mit Sicherheit wissen, nicht wahr?

DIE HIMMLISCHE HIERARCHIE

Auf der Grundlage der Lehren der jüdischen Mystiker, des Buchs von Henoch und anderen jüdischen und christlichen Schriften verfaßte Dionysius Areopagita im fünften Jahrhundert eine Schrift »ÜBER DIE HIMMLISCHE HIERARCHIE«, das die Basis für die heute allgemein akzeptierte Auffassung bildet.

Neun Ordnungen von Engeln umgeben Gottes Thron, und sie sind alle in drei Gruppen oder Triaden geteilt. Innerhalb jeder Triade gibt es drei Arten von Engeln, die Chöre genannt werden. Die erste Triade ist Gott am nächsten, gefolgt von der zweiten und der dritten. Der erste Chor der ersten Triade ist Gott am allernächsten, und so geht es rangabwärts weiter.

ERSTE TRIADE
1. Seraphim
2. Cherubim
3. Ophanim

ZWEITE TRIADE
4. Herrschaften
5. Mächte
6. Gewalten

DRITTE TRIADE
7. Fürstentümer
8. Erzengel
9. Engel

Die CHÖRE DER ERSTEN TRIADE sind Engel, die immer vor dem Angesicht Gottes stehen. St. Thomas lehrte, daß diese Chöre niemals auf die Erde kommen. Sie sind auch als Gottes »vertraute Engel« bekannt.

Hauptaufgabe der SERAPHIM ist das ewige Umkreisen von Gottes Thron, während sie auf Hebräisch ein Gebet singen, das bis heute Teil des jüdischen Gottesdienstes ist, bekannt als KADOSH. Jeder Seraphim singt: »Heilig, Heilig, Heilig ist der Herr der himmlischen Heerscharen, die ganze Erde ist erfüllt von Seiner Herrlichkeit.« Das wurde als ein Gesang der Schöpfung und der Schwingung der Liebe interpretiert. Diese Engel sind reines

Licht und reiner Gedanke. Propheten, die sie in Visionen sahen, sagen, sie sehen wie »flammende Engel« aus.

Die CHERUBIM bewachen den Weg zum Baum des Lebens, östlich vom Garten Eden. Oft werden die Cherubim als Verkörperung von WISSEN gesehen. Der Prophet Hesekiel sah vier Cherubim mit jeweils vier Gesichtern und vier Flügeln. Und obwohl sie am häufigsten auf diese Art beschrieben werden, haben doch Maler und Künstler der späteren Jahrhunderte die dicklichen, kindhaften Engel ihrer farbenprächtigen Werke ebenfalls Cheruben oder Cherubim genannt.

Die OPHANIM, auch als Räder oder Throne bekannt, sind Gottes Mittel zur Fortbewegung. In Hesekiels Visionen befuhren Cherubim diese Räder mit vielen Augen und Flügeln, und Henoch sagte, sie sähen wie »feurige Kohlen« aus.

Die CHÖRE DER ZWEITEN TRIADE sind die dienenden Engel, die die größeren Dinge des Universums hüten.

Die HERRSCHAFTEN überwachen die himmlische Arbeiterschar und regeln die Pflichten jedes Engels.

Die MÄCHTE bewirken Wunder und spenden den Menschen Mut. Je zwei Mächte begleiteten Christus in den Himmel und assistierten Eva bei der Geburt von Kain. Sie segnen auch mit Gottes Gnade.

Die GEWALTEN beschützen den Himmel vor Dämonen.

Es gibt auch die Ansicht, daß sie über unsere Seele wachen, während wir den ständigen Kampf zwischen Gut und Böse austragen. Sie dienen den Seelen als Führer, die nach dem Austritt aus dem Körper die Orientierung verlieren. Wegen ihres fortgeführten Kampfes gegen das Böse glauben einige, daß die Gewalten die meisten Engel an Luzifer verloren, als dieser versuchte, die Kontrolle über den Himmel zu übernehmen, unterlag und dann in die Hölle fiel, wo er als Satan, assistiert von anderen gefallenen Engeln, regiert.

Die CHÖRE DER DRITTEN TRIADE sind die dienenden Engel, die uns hier auf der Erde direkte Aufmerksamkeit schenken.

Die FÜRSTENTÜMER beschützen Religionen, Nationen und Städte.

Die ERZENGEL sind die wichtigsten Abgesandten und Boten zwischen Gott und den Menschen. Der Islam erkennt vier Erzengel an, während Judentum und Christentum sieben nennen. Alle haben Namen, besitzen besondere Pflichten und Qualitäten und werden oft mit menschlichen Charakteristiken beschrieben.

Die ENGEL sind den Menschen am nächsten und schließen unsere Schutzengel ein. Im Hebräischen heißen sie mal'akh, was »Boten« bedeutet. Das englische Wort ANGEL und das deutsche Wort ENGEL kommt vom griechischen ANGELOI, was gleichfalls »Bote« bedeutet.

DIE ERZENGEL

Unter den zahllosen Engeln, die die himmlischen Bereiche bevölkern, sind jene, denen von den vielen Religionen und Kulturen der Welt Namen gegeben wurden. Das sind die Engel, von denen wir seit unserer Kindheit hörten, jene, die uns erfreuten und die ihre Weisheit nicht nur in der Bibel oder anderen religiösen Geschichten weitergaben, sondern die auch in unsere volkstümlichen Erzählungen einflossen.

Im Buch Henoch, drei Chroniken, die um das zweite Jahrhundert v. Chr. zusammengestellt wurden, beschreibt Henoch seine Reise in den Himmel. Hier beobachtet er die Engel in all ihrer offiziellen Pracht. Er beschreibt ihre Positionen, Pflichten und Charaktere, ihre äußere Erscheinung und ihre Geschichte. Er stellt sogar ein »Who's Who« der Engel zusammen, das sieben Erzengel nennt, »die heiligen Engel, die wachen«. Diese werden heute, gemeinsam mit einigen anderen, die über die Jahrhunderte hinweg ihren Platz in der Liste fanden, sowohl von Juden wie auch von Christen im allgemeinen als Gottes heiligste, vertrauteste Engel betrachtet.

Henoch, der schließlich in den Himmel aufgenommen und in den mächtigen Engel Metatron verwandelt wurde, schrieb seine Bücher, als er noch ein irdischer Schriftgelehrter war. Er teilt die sieben Erzengel wie folgt ein:

* URIEL   steht über der Welt.
* RAPHAEL   steht über den Seelen der Menschen.
* RAGUEL   rächt sich an der Welt der Lichtkörper.
* MICHAEL   steht über dem größten Teil der
               Menschheit und über dem Chaos.
* SARAQUEL   steht über den Seelen, die im Geist
               sündigen.
* GABRIEL   steht über dem Paradies, den
               Schlangen und den Cherubim.
* REMIEL   steht über jenen, die aufsteigen.

Sieben Erzengel sind auch im katholischen Buch Tobit erwähnt, in dem der Erzengel Raphael sie als Engel beschreibt, die »bereitstehen und der Herrlichkeit Gottes vorausgehen«. Das »el« am Ende jedes Engelnamens bedeutet »scheinendes Wesen«.

Dionysius, der im fünften Jahrhundert das Werk »ÜBER DIE HIMMLISCHE HIERARCHIE« schrieb, mit einer hierarchischen Auflistung von Engeln und himmlischen Wesen, die noch heute allgemein anerkannt wird, behauptete, daß die Erzengel Boten sind, die göttliche Verordnungen weitergeben und damit das wichtigste Verbindungsglied zwischen Gott und der Menschheit darstellen. Sie befehligen die Engel im Himmel, schrieb er, und sie bekämpfen die Söhne der Finsternis.

Nur Michael und Gabriel sind im Alten Testament namentlich erwähnt. Im Neuen Testament werden die sieben Engel, die gemäß der Offenbarung vor Gott stehen, zumeist als Erzengel betrachtet.

Fünfzehn berühmte Engel, von denen viele als Erzengel angesehen werden, erhielten in der Engelkunde die größte Aufmerksamkeit und nehmen bis heute in unserer Vorstellung einen wichtigen Platz ein.

MICHAEL

Michael ist wohl der berühmteste und am beständigsten genannte Engel überhaupt. Katholiken kennen ihn auch als »heiligen Michael«. Gemeinsam mit Gabriel, Raphael und Uriel wird Michael als einer der großen Engel angesehen. Diese vier stehen in Christentum, Judentum und Islam immer an der Spitze der Liste der Erzengel. Michael, dessen Name bedeutet »Wer ist wie Gott?«, soll Gott am nächsten sein. Er wird als der mächtigste Verteidiger des Himmels beschrieben, der Engel, der den Kampf gegen das Böse führte und Satan und die gefallenen Engel aus dem Himmel verbannte.

»Michael ist der Atem des Geistes des Erlösers, der am Ende der Welt den Antichristen bekämpfen und vernichten wird, wie er es am Anfang mit Luzifer tat«, sagte der hl. Thomas.

Michael wurde durch die ganze Biblische Geschichte hindurch als Beschützer und Verteidiger des jüdischen Volkes verstanden. Er zog mit ihnen von Ägypten und durch die Wüste. Es war Michael, der Mose die Zehn Gebote von Gott übergab. Mit dem Heraufkommen des Christentums wurde Michael als »der Verteidiger der katholischen Kirche« bekannt. Katholiken kennen ein besonderes Gebet an den Erzengel Michael, in dem sie ihn um Schutz vor allem Bösen bitten. Als Engel des Letzten Gerichtes wird Michael angerufen, wenn Menschen krank sind, und besonders, wenn der Tod naht. Während des Mittelalters glaubte man, Michael geleite die Seelen in das Leben nach dem Tod. Auch heute noch wird sein Geist angerufen, wenn Menschen beten: »Heiliger Sankt Michael, bitte für uns, jetzt und in der Stunde unseres Todes«.

Michael war immer ein vielbeschäftigter Erzengel. Er hielt Abraham davon ab, seinen Sohn Isaak zu opfern (obwohl dies in einigen Überlieferungen dem Engel Metatron zugeschrieben wird), er erschien Mose in dem brennenden Dornbusch, errettete Daniel aus der Löwengrube und erschien Johanna von Orléans.

Die Essener betrachteten Michael als den Engel der Erde, der den Körper regeneriert. In den Schriftrollen vom Toten Meer wird er als »Fürst des Lichtes« bezeichnet.

So wichtig war Michael, daß er sogar durch einen eigenen Feiertag geehrt wurde. Das Michaeli-Fest entstand im Römischen Reich im fünften Jahrhundert und bekam während des Mittelalters, als Michael als Schutzheiliger der Ritter galt, sogar noch mehr Bedeutung. In der römisch-katholischen und der anglikanischen Kirche wird Michaeli am 29. September begangen. In der griechischorthodoxen, armenischen und koptischen Kirche ehrt man ihn am 8. November.

In England ist es Sitte, zu Michaeli eine gebratene Gans zu essen, ein Brauch, der auf frühere Jahrhunderte zurückgeht, als eine Gans Teil der Pachtzahlungen an die Grundbesitzer war. »Ißt Du eine Gans zu Michaeli, wirst Du während des ganzen Jahrs keinen Geldmangel leiden«, besagt ein altes englisches Sprichwort. In Großbritannien ist Michaeli traditionell einer der vier Tage des Jahres, an denen bestimmte Rechnungen eingezogen werden, der vierteljährliche Gerichtshof beginnt und ein akademisches Jahr in Oxford und Cambridge beginnt.

Kaiser Konstantin schrieb seine Siege Michaels Schutz zu und erbaute ihm zu Ehren nahe Konstantinopel eine Kirche, das Michaelion. Die Kirche zog eine Flut von Pilgern an, von denen viele krank waren und von denen es heißt, daß sie durch Michaels Vermittlung geheilt wurden. So stark war der Glaube in dieses Erzengels Kraft von Gott, daß quer durch Europa Kirchen zu seinen Ehren erbaut wurden. Christen in Ägypten weihten ihm sogar den Nil!

In der Kunst wird Michael gewöhnlich mit einem blank gezogenen Schwert dargestellt, aber in der islamischen Tradition heißt es, daß er smaragdgrüne Flügel mit safranfarbenen Haaren besitze, jedes mit Millionen von Gesichtern, Mündern und Zungen.

In der Hierarchie der Himmel herrscht Michael über den Vierten Himmel.

Es ist Michael, der erscheinen wird, wenn sich die

Welt in größter Not befindet, so besagt das Buch Daniel im Alten Testament.

GABRIEL

Gabriel ist nach Michael der zweitwichtigste Erzengel und sitzt zur linken Hand Gottes. Gabriel, dessen Name bedeutet »Gott ist meine Stärke«, ist der einzige weibliche Erzengel, obwohl die Diskussion über sein oder ihr Geschlecht noch andauert, weil sie sich bei verschiedenen Gelegenheiten auch männlich gezeigt hatte und es den männlich dominierten Gesellschaften immer widerstrebte, die Möglichkeit und die Bedeutung eines weiblichen Erzengels anzuerkennen.

Gabriel wurde immer mit Empfängnis und Geburt assoziiert. Als Engel der Inkarnation sagte sie Daniel das Kommen eines Messias voraus, verkündete Maria, daß sie Jesus gebären werde, und erzählte Zacharias, daß seine Frau Elisabeth Johannes den Täufer zur Welt bringen werde. In der katholischen Kirche entspricht das Ave-Maria dem Gruß, den Gabriel bei Verkündigung der wunderbaren Empfängnis Maria gab. »Gegrüßet seist Du, Maria, voll der Gnade, der Herr ist mit Dir, gesegnet bis Du unter den Frauen.«

Gabriel soll auch Jesu Geburt den Schafhirten von Bethlehem verkündet haben. Anschließend leitete er den Gesang der Engel: »Ehre sei Gott in der Höhe und Friede den Menschen auf Erden, die guten Willens sind.«

Gabriels Emblem ist die Lilie, die Empfängnis symbolisiert, und es heißt, daß sie die Seelen während der neun Monate im Mutterleib unterweist. Die alten Essener betrachteten sie als den Engel des Lebens, »der in die Glieder eintritt und dem Körper Stärke gibt«. Mit Bezug auf Leben anderer Art wird sie als Erwecker, als Engel der Träume, Engel des Wissens und in der jüdisch-christlichen Tradition auch als Engel der Verkündigung, der Auferstehung, der Gnade und der Offenbarung bezeichnet.

Sie regiert den Ersten Himmel, wo Adam und Eva leben, den Himmel, der unserer Welt am nächsten ist, und wurde so auch als Verwalterin von Eden bezeichnet. Als Erzengel, der das Paradies hütet, koordiniert sie alle anderen Engel.

Im Alten Testament hat der Prophet Daniel sowohl in Visionen wie auch während Gebeten engen Kontakt mit Gabriel, und in Kapitel 10, Vers 5 und 6, beschreibt er Gabriel als einen Mann »der in Leinen gekleidet war und einen Gürtel aus feinstem Gold um die Hüften trug. Sein Körper glich einem Chrysolith, sein Gesicht leuchtete wie ein Blitz, und die Augen waren wie brennende Fackeln. Seine Arme und Beine glänzten wie polierte Bronze. Seine Worte waren wie das Getöse einer großen Menschenmenge.«

Gabriel wurde auch mit 140 Flügelpaaren gesehen.

Eines der eindrucksvollsten Wunder im Alten Testament, die Teilung des Roten Meeres, wird Gabriels Einschreiten im Auftrag Gottes zugeschrieben.

Im Islam gilt Gabriel als Engel der Wahrheit und wird

niemals weiblich gesehen. Im Koran, dem heiligen Buch des Islam, den Gabriel Mohammed im Jahr 610 diktierte, erfreut sich Gabriel, nicht Michael, des Titels »Anführer aller Engel«.

Der Erzengel Gabriel gilt als Herrscher über die Cherubim und wird auch als Heiliger verehrt. Er ist der Engel aller guten Nachrichten. Katholiken begehen das Fest des heiligen Gabriel am 24. März.

RAPHAEL

Der drittwichtigste Erzengel ist Raphael, »der Glänzende, der heilt«. Gott gab Raphael die Kraft zu heilen und die Fähigkeit, Menschen aus Gefahren zu retten. Er wird im Alten und im Neuen Testament nicht namentlich genannt, nimmt jedoch im Buch Tobit eine zentrale Stellung ein. Hier erfahren wir am meisten über dieses freundliche, humorvolle und sanfte himmlische Wesen, das als Anführer der Schutzengel bekannt ist. In dieser Erzählung erscheint er als ein Mann mit Namen Asarja und hilft Tobias auf unterschiedlichste Weise während einer gefährlichen Reise. Erst gegen Ende enthüllt er seine wahre Identität als Raphael. Er lehrt Tobias, Teile eines Fisches als Heilmittel zu verwenden, er beschützt ihn vor Gefahr, und er spielt sogar den Heiratsvermittler und findet für ihn eine schöne, tugendhafte und reiche Frau.

Der Name Raphael bedeutet »Gott hat geheilt« oder »Medizin Gottes«.

Es heißt, daß er die Wunden von Märtyrern heilt und

sie in ihren Qualen tröstet. Wegen seines großen Erfolgs bei der Beschützung Tobias' wird Raphael auch heute noch zum Schutz von Reisenden angerufen. Ebenso ist er Schutzpatron der Kranken und Verletzten, und es heißt, daß er Krankenhäuser besucht.

Im Alten Testament war es Raphael, der den Schmerz von Abrahams Beschneidung linderte und der Noah das Buch des Engels Raziel gab, das nicht nur medizinisches Wissen enthielt, sondern auch alle notwendigen Informationen zum Bau der Arche.

Der Engel der Sonne der alten Essener, der dem Körper das Feuer des Lebens gibt, war wohl Raphael. Als Engel der Wissenschaft und der Erkenntnis oblag ihm auch die Aufgabe, den Baum des Lebens in Eden zu hüten.

Offiziell regiert Raphael über den Zweiten Himmel und ist der oberste Anführer der Mächte.

URIEL

Mit Uriel ist die oberste Staffel der Erzengel komplett. Als einer der vier Engel, die vor dem Angesicht Gottes stehen, tritt Uriel den Seelen der Sünder entgegen und zieht sie für ihre Handlungen zur Verantwortung. Er ist als Engel der Reue bekannt und sein Name bedeutet »Feuer Gottes«. Sein Symbol im Christentum ist eine offene Hand, die eine Flamme hält. Er ist ein Engel, dem man lieber nicht begegnen möchte, wenn man Unrechtes getan hat. Er war angeblich der Erzengel, der mit einem feurigen Schwert in der Hand am Tor zum Garten

Eden stand. Seinem Bild entsprechend wacht er auch über Gewalt und Donner.

Als Engel der Musik besitzt Uriel jedoch nach christlicher Tradition auch eine freundlichere Seite. Im Islam ist Israfel das musikalische himmlische Wesen, und im Judentum ist es Metatron, der Meister der himmlischen Gesänge genannt wird. Uriel ist auch der Engel der Poesie.

Im Alten Testament wurde Uriel von Gott gesandt, um Noah vor der Sintflut zu warnen. Gemäß jüdischer Tradition gab er den Juden die mystische Kabbala. Er ist der Engel, der Prophezeiungen interpretiert.

RAGUEL

Raguel bedeutet »Freund Gottes« und als solcher begleitet im Buch Henoch dieser Erzengel Henoch in den Himmel. Henoch schreibt, daß er »Rache an der Welt der Gestirne« nimmt, aber das bedeutet nicht, daß Raguels Aktivitäten nur negativ sind. Er richtet jedoch über seine Mitengel und es heißt, daß er auch über ihr gutes Benehmen wacht.

SARAQUEL

Der Erzengel Saraquel ist auch als Sariel bekannt. Er richtet wie Raguel ein wachsames Auge auf seine himmlischen Kollegen. Henoch schrieb, daß Saraquel für das Geschick der Engel verantwortlich ist, die das Gesetz übertreten. Wie Raphael ist auch dieser Erzengel ein Heiler, und viele sind der Ansicht, daß er Mose unterrichtete.

REMIEL

Dieser Erzengel ist auch unter dem Namen Ramiel, Jeremiel und Phanuel bekannt. Sein Name bedeutet »Gnade Gottes« und »Angesicht Gottes«. Beides bezieht sich auf seine primäre Aufgabe, als Engel der Hoffnung die Seelen vor Gericht zu führen und diejenigen, die den Eintritt ins Paradies erwarten, nach dem Tod zu beaufsichtigen.

Er wird in der Kabbala genannt, dem mystischen Weisheitssystem, das den Weg der Seele zu Gott und die Kommunikation mit Engeln beschreibt. Als Engel, der für alle »wahren Visionen« zuständig ist, interpretiert er diese für die Sterblichen.

METATRON

Im mystischen Judentum, besonders in der Kabbala, gilt Metatron als übergeordneter Engel, der sogar Michael an Bedeutung überragt. Sein Name bedeutet »Dem Thron am nächsten«, und die jüdisch-christliche Welt kennt ihn als Fürsten des göttlichen Angesichts, Engel der Bundeslade und König der Engel, dessen schwere Verantwortung in der Erhaltung der Welt besteht. Seine Pflichten überschneiden sich mit jenen der anderen Erzengel und Engel. Im Talmud ist er das direkte Verbindungsglied zwischen Gott und der Menschheit, und in der Kabbala spiegelt sich seine Bedeutung im Titel »Engel des Herrn« wider.

Er soll 36 Flügel besitzen, je sechs mal sechs, und unzählige Augen, die er zweifellos benötigt, um über die ganze Welt, wie wir sie kennen, zu wachen. Im Judentum ist Metatron auch der Meister des himmlischen Gesanges. Mit einer Größe zwischen 2,5 m und 4 m ist er der größte Engel und eine ziemlich imposante Erscheinung. Teil seiner Mission ist es, diejenigen zu strafen, die nicht gehorchen.

Henoch, der große Schriftgelehrte, der schließlich für immer in den Himmel aufgenommen wurde, wurde von Gott mit Hilfe des Erzengels Michael in Metatron verwandelt, indem er ihn ölte und als Engel kleidete. Da Henoch als Schriftgelehrter bekannt war, wurde Metatron zum himmlischen Schreiber, der alles aufzeichnet, was in der himmlischen Welt geschieht.

Was wäre die Engelkunde ohne einander widersprechende Interpretationen und Geschichten? Metatron wird weithin als himmlische Manifestation von Henoch anerkannt, aber in manchen Kreisen heißt es auch, er sei bereits bei der Schöpfung anwesend gewesen, also lange bevor Henoch auf Erden wandelte.

Metatron hat einen Zwillingsbruder, Sandalphon, von dem es heißt, daß er den Fünften Himmel regiert.

RAZIEL

Der Name Raziel bedeutet »Geheimnis Gottes«, und dieser bedeutende Engel ist als »Engel der geheimen Regionen und der höchsten Mysterien« bekannt. Von ihm stammt das »Buch des Engels Raziel«, das allerdings nicht in dem Sinne geschrieben ist, wie wir auf Erden Bücher schreiben. Es findet sich in keiner Bibliothek und in keinem Archiv, denn in diesem Buch hat Raziel in der Sprache der Engel alles himmlische UND irdische Wissen niedergeschrieben.

Die Legende berichtet, daß er dieses »Buch« Adam übergab. Von dort kam es schließlich in die Hände von Henoch, der Teile daraus in seine Schriften übernahm. Auch Salomon hatte das Buch des Engels Raziel in seinem Besitz. Wo es danach verschollen ist, weiß niemand mit Sicherheit – zumindest nicht auf Erden. Eine mündliche Version ist jedoch Teil der mystischen Traditionen der Kabbala.

In seinem Buch erläutert Raziel fünfzehnhundert Schlüssel zu den Mysterien des Universums, aber unglücklicherweise sind sie in der Sprache der Engel niedergeschrieben, die sogar manche der größten Engel nicht verstehen.

Der Sohar, ein weiteres mystisches Werk im Judentum erklärt, daß Raziel jeden Tag auf dem Gipfel des Berges Horeb steht und diese Geheimnisse der ganzen Menschheit enthüllt.

Raziel hat auch offizielle Pflichten im Himmel. Er ist

der Oberste der Throne. Meist wird er als hell leuchtendes weißes Feuer beschrieben.

ANAEL

In der alten Lehre der Essener entspricht Anael dem Engel der Luft, der den Körper mit Luft versorgt. Er regiert den Dritten Himmel und ist einer der Herrscher der Fürstentümer.

ZEBUL

Zebul regiert den Sechsten Himmel am Tag.

SABATH

Sabath regiert den Sechsten Himmel bei Nacht.

CASSIEL

Cassiel regiert den Siebenten Himmel, wo Gott lebt, umgeben von Seraphim, Cherubim und Ophanim.

LUZIFER

Er war ursprünglich Gottes meistgeliebter Engel, doch er rebellierte und wurde mit vielen anderen Rebellen aus dem Himmel verbannt. Er trat seine Herrschaft in der Hölle an und ist auch als Satan bekannt.

MORONI

Moroni, der Engel der Mormonen, erschien Joseph Smith 1823 im Staate New York und führte ihn zur Entdeckung und Übersetzung von Schriften, die zum Buch Mormon wurden. Smith gründete dann die Mormonen-Sekte, die Kirche Jesu Christi der Heiligen der letzten Tage.

Erst im vierten Jahrhundert wurden Engel zu einer Hauptthematik in der Kunst.

Künstler gaben ihren Engeln Flügel, wodurch alle Ordnungen ziemlich ähnlich aussehen. Es wird angenommen, daß das geschah, um sie in den Zeichnungen, Gemälden und Skulpturen von den Menschen unterscheiden zu können.

Während der folgenden Jahrhunderte waren Engel und Engelskunde in kulturellen Kreisen und Künstlerkreisen große Mode. Die Museen sind voll mit religiösen Kunstwerken vom Mittelalter bis zur Renaissance, und viele davon zeigen Engel oder haben sogar Engel zum Hauptthema.

Auch in religiösen Kreisen, besonders innerhalb der katholischen Kirche, waren Engel stark in Mode.

Heilige sprachen häufig über Engel und bezogen sie in ihre Schriften ein. Der heilige Klemens, der heilige

Gregor der Große, Origenes und andere christliche Weise lehrten, daß jedes Land, jedes Städtchen, jede Stadt, jedes Dorf und jede Familie einen Schutzengel besitzt.

Es heißt, daß die Erzengel Michael, Raphael, Gabriel und Uriel, die gemeinsam die Schutzengel beaufsichtigen, auch über die Nationen, Staaten und Städte wachen. Schutzengel, sei es von Völkern oder von Individuen, werden auch Wächter genannt.

Ein besonderer Engel, nahm man an, wacht über jede Stunde, jeden Tag, jede Nacht, jeden Monat und jede Jahreszeit.

Engel wurden auch anderen Bereichen zugeschrieben, zum Beispiel Matriel dem Regen, Sahaquiel dem Himmel, Shalgiel dem Schnee, Ramiel dem Donner, Gabriel den Träumen, Yroul der Angst, Zadkiel dem Gedächtnis, Rampel den Bergen und Achiaih der Geduld. Der heilige Thomas lehrte, daß jeder Stern, jeder Planet, die Sonne und alle anderen Himmelskörper jeweils einen Engel besitzen, um Unordnung unter den Millionen Sternen, die durch den Raum wirbeln, zu vermeiden.

Juden und Christen glauben gleichermaßen, daß die wichtigste Aufgabe der Engel die Fürsorge für die menschliche Rasse ist und daß jedem von uns bei der Geburt ein Schutzengel zugewiesen wird, der uns durch unser irdisches Leben führt und uns begleitet.

Der heilige Cyril sagte: »Wir brauchen die Mächte der Finsternis nicht zu fürchten, denn es steht geschrieben: Die Engel des Herrn werden sich um jene lagern, die ihn ehren, und sie befreien.«

Erst im zwölften Jahrhundert entstand in Spanien die Bezeichnung Kabbala für die mystischen Lehren der Juden, die eine Menge an Engelkunde enthalten, da der Weg zu Gott mit der Unterstützung von Engeln beschritten wird. Der Name Kabbala stammt von dem jüdischen Philosophen Ibn Gabriel und bedeutet »Empfangen« oder »Tradition«.

Eine der vielen Lehren der Kabbala konzentriert sich auf die zehn Engel oder die zehn göttlichen Attribute des Universums: Grundlage, Herrlichkeit, Ewigkeit, Schönheit, Kraft, Gnade, Kenntnis, Weisheit, Verständnis und Krone. Diesen zehn Engeln begegnet man bei der Reise durch den Baum des Lebens.

Im dreizehnten Jahrhundert brachte Moses de Leon, gleichfalls in Spanien, den Sohar in den Blickpunkt der Aufmerksamkeit. Dieser ausführliche mystische Kommentar zur Thora enthält auch andere Lehren. Sohar, was »Licht« bedeutet, wird auch das »Buch der Herrlichkeit« genannt und wird immer noch als eine der bedeutendsten der wenigen schriftlich fixierten kabbalistischen Lehren angesehen.

Als Moses de Leon den Sohar enthüllte, sagte er, daß er von dem Lehrer Rabbi Simeon ben Yohai im zweiten Jahrhundert aufgrund besonderer Mysterien, die von Gott verkündet wurden, niedergeschrieben worden sei.

Unter diesen Mysterien befinden sich die HÖHEREN WEL-
TEN, jene spirituellen Welten, die den Menschen verborgen sind, und die OFFENBARTEN WELTEN, wie unsere eigene
Erde. Der Sohar weist darauf hin, daß unsere Welt nicht
ohne die anderen verstanden werden kann, da sie so
sehr miteinander verwoben sind.

Die mystische Philosophie des Judentums verschwand
im siebzehnten Jahrhundert von der Oberfläche und erschien im achtzehnten Jahrhundert als chassidische Bewegung in Osteuropa wieder. Der auffälligste Unterschied zwischen dieser Bewegung und jenen, die in den
vergangenen Jahrhunderten Versenkung praktiziert hatten, war die Verfügbarkeit. Die Chassidim machten ihre
mystischen Lehren für die Massen verfügbar, statt sie auf
einige wenige auserwählte Gelehrte zu beschränken.

Im Christentum waren Engel und andere religiöse Fi-
guren nicht mehr die beliebtesten Sujets der Künstler,
aber sie blieben in den Herzen, den Gedanken und dem
Wissen der Menschen sogar dann noch erhalten, als die
Kirchen in vielen westlichen Ländern nicht länger die
Regierungen dominierten.

Die größte Aufmerksamkeit erhielten Engel im Katholizismus, wo die Erzengel auch als »Heilige« bezeichnet
wurden. Katholische Kinder wurden ermutigt, zu den Engeln zu beten und sie um göttlichen Schutz und Hilfe zu
bitten.

Johanna von Orléans hatte im fünfzehnten Jahrhundert Visionen von Engeln, die sie beauftragten, Frankreich von den Engländern zu befreien. Im späten achtzehnten Jahrhundert, während er für die amerikanische Unabhängigkeit von den Briten kämpfte, berichtete George Washington, daß er gleichfalls einen Engel gesehen habe.

Im zwanzigsten Jahrhundert hatte jedoch Skeptizismus sich durchgesetzt. War man nicht Priester, Nonne, Geistlicher oder Rabbi, und erhob den Anspruch, einen Engel gesehen oder gefühlt zu haben oder von einem Engel Hilfe erhalten zu haben, löste das im besten Fall Gelächter aus, oder man wurde einfach für verrückt erklärt. Und Geistliche, die solches behaupteten, wurden oft von den Massen als religiöse Fanatiker abgetan. Ironischerweise glaubten jedoch sogar die größten Skeptiker, wenn auch privat und schweigend, daß eine unsichtbare Kraft, ein Schutzengel, sie vor Schaden beschütze und durch das Leben begleite.

In jüngster Zeit haben wir Engel, Engelkunde und die Gegenwart von Engeln in unserem Leben wiederentdeckt. Das bedeutet natürlich nicht, daß uns die Engel je verlassen hatten. Sie waren die ganze Zeit über da; es war nur so, daß WIR den Verdienst für IHRE Arbeit uns selbst zuschrieben, oder daß wir sie mit anderen Namen bezeichneten, wie Zufall, Synchronizität, Intuition, Vorgefühl oder Instinkt.

In vergangenen Zeiten wurden Menschen mit Engelserfahrungen respektiert und verehrt, als heilige Männer oder Frauen betrachtet, die vom Göttlichen gesegnet oder zumindest vom Glück begünstigt waren. Nun, da das einundzwanzigste Jahrhundert naht und wir wieder nach innen blicken und uns auf die Spiritualität in unserem Leben und in unserem Universum besinnen, erkennen wir, daß wir IMMER gesegnet waren.

TEIL DREI

Wahrnehmen der Engel

Denn als Glaubende gehen wir unseren Weg,
nicht als Schauende.

2 Korinther 5,7

ENGEL HALTEN NACH EINER ÖFFNUNG in unserem Bewußtsein Ausschau und schlüpfen dann in unsere Gedanken oder Träume. Aber sie können auch Ereignisse arrangieren, hilfreiche Menschen oder Umstände herbeiführen oder sich sogar selbst in Licht- oder Menschengestalt zeigen.

Teil 3 und 4 dieses Buches sind voll von Geschichten über Erfahrungen mit Engeln, die von Menschen aus dem ganzen Land stammen. Viele illustrieren die bisher aufgeworfenen Fragen über Engel, zeigen Engel in Aktion und erweitern unser Wissen über die Kraft von Engeln.

Wir werden die vielen Arten betrachten, wie wir mit dem Göttlichen kommunizieren, und erforschen, welche Rolle der Glaube in unserem Leben spielt.

Auch wenn es eine Vielzahl von Beweisen für Hilfe durch Engel gibt, so sind wir Menschen doch notorisch skeptisch gegenüber allem, was wir nicht mit unseren eigenen Augen sehen können.

Billy Graham sagte: »Engel sprechen. Sie erscheinen und tauchen immer wieder auf. Sie fühlen mit einem emotionalen Sinn. Auch wenn Engel auf ihren Wunsch sichtbar werden können, sind unsere Augen normalerweise nicht dafür geschaffen, sie zu sehen, genausowenig wie wir die Dimensionen eines nuklearen Feldes sehen können, die Struktur von Atomen oder die Elektrizität, die durch Kupferdrähte fließt. Unsere Fähigkeit, die Realität wahrzunehmen, ist begrenzt: Der Geruchssinn der Hirsche zum Beispiel übersteigt bei weitem die menschlichen Fähigkeiten. Seebarsche besitzen ein überaus sensibles inneres Radarsystem. Manche Tiere können Dinge in der Dunkelheit sehen, die unserer Aufmerksamkeit entgehen ... Weshalb also sollten wir es seltsam finden, daß der Mensch die Gegenwart engelhafter Gestalten nicht wahrnehmen kann?«

Joan Borysenko, eine anerkannte Psychologin und Wissenschaftlerin im Bereich der Psychoneuroimmunologie, dem Zweig der Medizin, der die Geist-Körper-Verbindung erforscht, glaubt, daß Spiritualität ein Schlüssel zur Heilung ist, und sie hat eine persönliche Beziehung zum Göttlichen.

Sie sagt: »Ich glaube, göttliche Hilfe kommt zu unterschiedlichen Menschen auf unterschiedliche Weise. Ich glaube an die Ebene der Engel, also rufe ich täglich die Engel an.«

Sie folgt dem Ritual eines alten jüdischen Gebetes, bei dem sie zuerst den Erzengel Michael an ihrer rechten Seite beschwört. Da er der Engel der Liebe ist, ersucht sie um seine Hilfe, »wahrhaft liebenswürdig und liebend« zu sein, wie sie sagt.

Dann beschwört sie an ihrer linken Seite den Erzengel Gabriel, der uns dabei hilft, die Angst zu besiegen. Vor sich beschwört sie den Erzengel Uriel, den Engel des klaren Geistes, und hinter sich den Erzengel Raphael, den Engel des Heilens.

Engel zu beschwören, sagt sie, bedeutet einfach, IHRE ANWESENHEIT ANZUERKENNEN.

Nach der Anrufung der Engel stellt sie sich göttliches Licht vor, das von oben her in ihr Herz und durch ihren Körper fließt. Dieses Licht wird im jüdischen Mystizismus *shekina* genannt – das göttliche Weibliche in der Schöpfung – und ist der Teil des Göttlichen, der in jedem von uns lebt. Sie endet mit einem Gebet für Eintracht und Schutz.

»Was für mich ungeheuer hilfreich war«, sagt sie, »ist die Erkenntnis, daß sich Hilfe überall um uns herum finden läßt, daß wir aber ewig im Zustand der Angst schmoren können, wenn wir nicht um diese Hilfe bitten. Doch wenn wir bereit sind, um Hilfe zu bitten, kommt Hilfe.«

Und dabei spielt es keine Rolle, was Deine Religion ist oder ob Du überhaupt einer Religion angehörst, wie Du mit dem Göttlichen und den Engeln kommunizierst und welche Form die Unterstützung durch Engel annimmt.

* Engel können sprechen. Sie können erscheinen und verschwinden. Sie haben starke Gefühle und Emotionen.
* Engel können sichtbar sein, wenn sie es wünschen.
* Engel können in jeglicher Form erscheinen, die unsere Vorstellungskraft akzeptiert.
* Wenn Du daran glaubst, können Dich mächtige Engel bei Deinen Lebenserfahrungen begleiten.
* Engel sind nicht allgegenwärtig: Sie können zu einer bestimmten Zeit nur an einem Ort sein.
* Es gibt keine Beschränkung in der Anzahl von Engeln, die Dir zu Hilfe kommen können.
* Engel können als blendendes weißes Licht erscheinen.
* Engel kontrollieren uns nicht, und sie können uns unsere Lernaufgaben nicht abnehmen. Sie haben die Fähigkeit, uns zu inspirieren und uns Botschaften zu senden, die uns in allen Lebensbereichen helfen.
* Engel sind sehr erfinderisch bei ihren Versuchen, mit uns zu kommunizieren, aber wir müssen zuhören.
* Engel besitzen einen starken Sinn für Humor.
* Engel inspirieren uns durch Einsicht und plötzliche brillante Ideen.
* Wenn Du Deine Aufmerksamkeit schärfst, werden Dir Engel in jedem Bereich Deines Lebens erscheinen.
* Engel sind unbeschwert und verspielt wie auch ernsthaft.
* Deine Suche nach Öffnung und Kommunikation mit Deinen Engeln beginnt in Deinem Herzen.
* Unsere Schutzengel bleiben nach dem Tod bei uns, führen uns, rekapitulieren mit uns die Lektionen, die wir gelernt haben und unterstützen unsere Seelen, während wir uns darauf vorbereiten, weiterzugehen.

WIE UND WESHALB KOMMEN ENGEL ZU UNS?

Psalm 91, beginnend mit Vers 11, beantwortet diese Frage auf ganz einfache Weise.

Gott hat seinen Engeln befohlen, dich zu beschützen, wohin Du auch gehst. Sie werden Dich auf Händen tragen, damit du nicht über Steine stolperst. Löwen und Schlangen können Dir nicht schaden, du wirst sie alle niedertreten.

Im Auftrag Gottes können uns die Engel auf jede erdenkliche Weise helfen, gerade so, wie wir es benötigen.

Er hängt an mir mit ganzer Liebe,
darum werde ich ihn bewahren.

Wie Gott in diesem Vers sagt, helfen Er und seine Engel uns, weil wir Gottvertrauen und Liebe besitzen, weil wir GLAUBEN.

Wenn er in Not ist, bin ich bei ihm;
ich hole ihn heraus und bringe ihn zu Ehren.

In diesem Vers führt Gott seine einfachen Erklärungen weiter: *Ich gebe ihm ein langes, erfülltes Leben; er wird die Hilfe erfahren, auf die er wartet.*

Oft geschieht das mit Hilfe der Engel.

Ob man diese universelle Kraft als Gott bezeichnet, als Höhere Macht, als Schicksal oder als WAS auch IMMER, es ist jedenfalls schwer zu ignorieren, daß ETWAS da drauβen mit uns eng verbunden ist und daβ diese Kraft nicht notwendigerweise so weit »da drauβen« ist, wie wir immer dachten, sondern im Grunde INNERHALB von jedem einzelnen von uns.

Aus der Geschichte kennen wir viele verschiedene Beispiele, wie Engel Menschen helfen. Doch es ist eine Sache, alte Erzählungen zu hören; so dramatisch und historisch sie sind, könnten sie uns doch unter Umständen den falschen Eindruck vermitteln, daβ Engel nur groβen religiösen Führern oder berühmten historischen Figuren helfen. Es ist deshalb etwas ganz anderes, von der Hilfe der Engel in heutiger Zeit zu hören, Geschichten, die genauso dramatisch sind wie in den alten Tagen, die doch nebenan und bei ganz gewöhnlichen Menschen wie mir und Dir geschehen sind. Die Engel sind da, wie man sieht, ALLEZEIT und bei uns ALLEN.

Andrew L. Goldman, ein achtunddreiβigjähriger Polizeichef in Missouri, betrachtet Engel als seine stillen (und manchmal nicht so stillen) Partner.

»So bleibe ich am Leben«, sagt er schlieβlich und einfach. »Sie beschützen mich.«

Wenn er auf seine Karriere zurückblickt, besonders auf die frühen Jahre als Beamter in einer städtischen Polizeitruppe, als er regelmäβig mit einigen der unsaubersten Charaktere auf diesem Planeten zu tun hatte, dann stellt er fest, »daß es viele Male gab, die ich nicht hätte überleben dürfen. Aber wem sollen wir den Verdienst zuschreiben? Der Gnade Gottes, außersinnlicher Wahrnehmung, gesundem Menschenverstand oder einer Kombination aller drei? Am Ende sieht man meistens, daß etwas in einer bestimmten Weise ablaufen mußte, damit ich unbeschadet herauskommen konnte. Zurückblickend sehe ich, daß es manchmal göttliche Intervention war.«

Seine Freunde und Kollegen nennen ihn Andy, und dieser 1,70 m große und 110 kg schwere Schrank von einem Mann – rauh, artikuliert, belesen – läßt sein Ego und alles Kontrollverhalten beiseite, wenn er zwei verschiedene Geschichten von der Hilfe der Engel erzählt. Die erste illustriert seine Theorie von den Engeln als Partner der Polizei, und die zweite enthält eine gewisse Sanftheit, wenn er erzählt, wie ihm die Engel halfen, seine Frau zu treffen.

Als ich ein junger Polizist war und in einem ziemlich rauhen Vorort außerhalb von St. Louis arbeitete, pflegte ich auf den Parkplatz eines Theaters zu fahren und dort in meinem Wagen zu sitzen. Dort hatte ich einen großartigen Überblick, und ich hatte die Scheinwerfer an, so daß ich in die vorüberfahrenden Autos hineinsehen konnte. Ich sah nach den sprichwörtlichen »bad guys« aus.

Eines Nachts sehe ich dieses Auto mit drei Männern

darin. Etwas sagt mir, daß ich dieses Auto anhalten sollte. Also reihe ich mich hinter ihnen ein und warte auf einen Verstoß, damit ich einen Grund habe, sie anzuhalten. Aber sie machen nichts falsch. Trotzdem habe ich das Gefühl, daß mit diesen Leuten etwas nicht stimmt. Das einzige, was nicht in Ordnung ist und einen Grund liefert, sie an die Seite zu winken, ist das kleine Licht am Zulassungsschild, das nicht brennt. Nun, das ist eine Verkehrssünde, also halte ich sie an.

Der Fahrer hat keinen Führerschein. Die Beifahrer haben keine Ausweise bei sich, aber sie geben mir ihre Namen. Sie benehmen sich nicht, als ob sie irgend etwas zu verbergen hätten, sie sind nicht nervös, sie sehen auch nicht bedrohlich aus. Aber immer noch habe ich diese Vorahnung. Ich funke die Informationen durch, aber nach einem Blick auf meine Uhr weiß ich, daß auf der Station gerade ein Schichtwechsel bevorsteht. Ich weiß, daß der Kollege, der die Namen durch den Computer laufen läßt, es eilig hat, nach Hause zu kommen. Also frage ich mich, ob ich einen vollständigen Bericht über diese drei Männer erhalte, oder ob es der Computer-Mensch kurz macht, damit er nach Hause gehen kann.

Ich warte darauf, daß sie einen Bericht zurückfunken, und etwas sagt mir, daß der Name des Fahrers echt ist, daß aber die Beifahrer falsche Namen angegeben haben. Der Beamte funkt zurück und sagt mir, daß alle drei Männer okay sind – keiner von ihnen wird gesucht.

Aber dieses innere Gefühl sagt mir, ich solle den Fahrer verhaften.

»Sie sind unter Arrest«, sage ich zu dem Fahrer.

»Aus welchem Grund?« fragt er.

»Weil Sie kein Licht an Ihrem Nummernschild haben«, sage ich.

Er ist verblüfft. Ich kann selbst kaum glauben, was ich da mache, aber ich brauche einen Grund, um ihn zu verhaften, weil ich spüre, daß er etwas auf dem Kerbholz hat, und dieses Licht am Nummernschild ist der einzige Grund, den ich habe.

Ich lege ihm Handschellen an, um ihn mitzunehmen und gebe über Funk Anweisung, das Auto abzuschleppen.

Auf der Station übergebe ich ihn einem Adjutanten, damit er ihn aufnimmt. Jeder im Raum glaubt, daß ich verrückt bin. Ich gehe in den Nachrichtenraum, wo die Nachtschicht gerade ihren Dienst angetreten hat. Ich ersuche den neuen Mann, die Namen nochmals durchlaufen zu lassen. Ich WUβTE einfach, daß der andere nach Hause gehen wollte und keine komplette Computerprüfung durchgeführt hatte. Der Beamte führt sie aus, während ich zusehe, und sobald er den Namen des Fahrers eingibt, leuchtet es auf dem Bildschirm auf – Gesucht: Mord ersten Grades. Ich nehme eine Kopie des Computerausdrucks, bedanke mich und bringe sie dem Adjutanten, der den Fahrer aufnimmt.

»Lies das und bereue, Kleiner«, sage ich zu dem Adjutanten.

Alle im Raum hören auf zu arbeiten. Die anderen Polizisten können es nicht glauben.

Der Adjutant sieht mich an und sagt: »Andy, ich werde nie mehr an Dir zweifeln.«

Nun würde ich gerne die ganze Anerkennung dafür in Anspruch nehmen und sagen, daß ich ein großartiger Polizist mit großartigen Instinkten bin, aber ich glaube nicht, daß die Anerkennung mir gebührt. Ich glaube, die Menschen würden ein besseres Leben führen, wenn sie das anerkennen würden. In seiner Arroganz glaubt der Mensch, die Kontrolle zu haben. Über die Natur, über alles. Die Kühnheit des Menschen anzunehmen, er sei Meister über seine Umgebung und sogar Meister über sein Schicksal, ist einfach erstaunlich. Gott oder eine höhere Kraft sind Teil dieses Universums, und wir können das nicht einfach vergessen.

Wenn wir Gott um Hilfe ersuchen, liegt es bei Ihm – oder Ihr –, ob er direkt hilft oder einen Engel sendet. Und Du mußt gute Absichten haben, wenn Du um etwas bittest. Bitte, indem Du zu Gott sagst: »Gott, wenn es Dein Wille ist, dann laß es geschehen. Wenn nicht, dann ist es auch in Ordnung.«

Aber oft gibt uns Gott auch das, was wir brauchen, bevor wir noch eine Gelegenheit hatten, darum zu bitten.

Ich glaube, die Engel leiteten mich, als ich die Frau traf, die ich später heiraten sollte. Und ich war nicht einmal auf der Suche und hatte auch nicht darum gebeten.

Als ich mit 17 Jahren die Highschool in Maryland abgeschlossen hatte, übernahm ich zwei Jobs, bevor ich zur Akademie ging. Während des Tages arbeitete ich in einem Garten-Center.

Es war der 21. Juni 1973, eine magische Nacht, wie bei Shakespeare. Ich wollte zu Hause bleiben. Es war 7 Uhr 30, ich duschte und ging schlafen. Ich war so müde.

Da hörte ich eine Stimme in meinem rechten Ohr. Sie war nicht im Raum, sie war in meinem Kopf.

»Steh auf!« sagte sie. »Fahre nach Bel Air und suche Onkel Billy.« Das war der Spitzname meines Freundes Bill. Ich drehte mich um. Ich wollte nicht aufstehen. Ich war erschöpft und wollte nur schlafen. Aber die Stimme war ziemlich beharrlich.

»Steh AUF!« sagte sie wieder. »Fahre nach Bel Air und suche Onkel Billy!«

»Okay, okay, OKAY«, sagte ich schließlich laut.

Ich stand auf, zog mich an und ging gerade durch die Tür, als mein Vater auf mich traf, der wußte, daß ich früh schlafen gehen wollte. Er sagte: »Ich dachte, Du würdest schlafen. Wohin gehst Du?«

»Ich weiß nicht genau, warum«, antwortete ich. »Aber ich fahre nach Bel Air, um Onkel Billy zu suchen.«

Ich stieg in mein Auto und fuhr die wenigen Minuten nach Bel Air, umkreiste dreimal das Zentrum der Stadt und suchte nach Onkel Billy. Ich kam mir komisch vor. Ich wußte nicht einmal, ob er diese Nacht da sein würde. Nun, schließlich hielt ich bei einem Fast Food-Restaurant an – und plötzlich fährt Onkel Billy herein!

»Fahr mir nach«, sagte er aus dem Autofenster heraus.

Ich folgte ihm, und wir umfuhren die Stadt und parkten dann unsere Autos auf einem Parkplatz.

»Steig ein«, sagte er, »wir gehen auf eine Party.«

Ich sah in sein Auto und erkannte einige befreundete Jungs – und dieses blonde Mädchen,das ich von der Highschool her kannte, aber niemals kennengelernt hatte. Wir fuhren zu der Party, die im Freien auf einem Feld stattfand. Sue und ich wanderten bei Vollmondschein alleine herum und unterhielten uns die ganze Nacht. In dieser Nacht verliebten wir uns ineinander. Und ich wußte ganz genau, daß wir den Rest unseres Lebens gemeinsam verbringen würden.

Viel später erfuhr ich, daß sie, als sie sich in dieser Nacht für die Party anzog, zu sich gesagt hatte: »Heute Nacht treffe ich den Mann, den ich heiraten werde.«

Beinahe auf den Tag genau zwei Jahre später, am 19. Juni 1975, heirateten wir.

Andrew L. Goldman hörte auf seine »Vorahnung«. Das ist die Form, die Unterstützung durch die Engel am häufigsten annimmt, vor allem bei Menschen, die in Umständen arbeiten, wo es oft um Leben oder Tod geht.

Viele Polizeibeamte erzählten mir während der zwanzig Jahre, die ich als Vortragende durch das Land reiste, ähnliche Geschichten wie Andrew. Obwohl die Umstände verschieden waren, sind die Methoden der Engel doch immer die gleichen.

Es ist auch interessant zu bemerken, daß neben den Schutzengeln der Polizeibeamten noch weitere Engel an der Arbeit beteiligt sind. Jemand, der polizeiliche Hilfe oder Schutz braucht, ist von einer Schar von Engeln umgeben, die auch der Polizei helfen.

Casey Brennan, meine frühere Assistentin, ist eine kluge junge Frau, die ein enges Verhältnis zu ihren Engeln hat. Ihre verschiedenen Erfahrungen zeigen sowohl die ernste als auch die unbeschwerte Seite der Engel und ihrer Hilfe.

Nachdem ich über Engel gelesen hatte, beschloß ich, direkt zu ihnen zu sprechen. Ich hatte mich ihnen niemals zuvor auf diese Weise genähert.

Zu der Zeit befand ich mich gerade in einer nicht sehr glücklichen Beziehung, aber ich sah keinen direkten Anlaß, sie zu beenden – aus irgendeinem Grund zählte es für mich nicht, daß ich unglücklich war. Ich ersuchte meine Engel, mir Zeichen zu senden, um mir zu zeigen, ob diese Beziehung es wert war, sich weiter um sie zu bemühen oder ob es besser wäre, meine Koffer zu packen und zu gehen. Und tatsächlich kamen die Zeichen, eines nach dem anderen. Nachdem ich die Engel um Hilfe gebeten hatte, fand ich Beweise für seine Untreue. Es bedurfte noch einiger anderer Anzeichen, bis ich die Botschaft verstand, aber ich bin meinen Engeln sehr dankbar dafür, daß sie meinem Ansuchen nachgekommen sind und daß sie mit mir so geduldig waren.

Es gab auch einige Gelegenheiten, als meine Engel still auf mein Ansuchen reagierten. Zum Beispiel versuchte ich einmal, eine bestimmte Firma anzurufen, und die Leitung war ziemlich lang besetzt gewesen. Ich hatte wieder und wieder die Wiederholungstaste gedrückt, bis ich schließlich laut sagte: »Engel, bitte helft mir durchzukommen!« Als ich nochmals die Wiederholungstaste drückte, läutete endlich das Telefon.

Oft gingen Faxe nicht ordnungsgemäß durch, also begann ich, meinen Fax-Engel anzurufen. Wann immer ich das tue, geht mein Fax jetzt ohne Störung durch!

Mir Engel vorzustellen und sie um Unterstützung zu bitten, ist zu einer sehr hilfreichen Methode für mich geworden. Eines Nachts hatte ich starke Migräne, die nicht aufhören wollte, was immer ich auch versuchte. Also visualisierte ich einen wunderschönen Engel, der über meinem Kopf schwebte und dessen Flügel den Schmerz fortmassierten. Während ich mir das vorstellte, ersuchte ich den Engel, mich von meinem Kopfschmerz zu befreien. Nach fünf Minuten war der Schmerz verschwunden.

Als ich mich allein fühlte und mir eine Beziehung wünschte, entschloß ich mich, meinem Engel einen Brief zu schreiben, in dem ich um den perfekten Partner für mich bat. Ich zählte alle Eigenschaften auf, die ich mir wünschte, ohne auch nur ein einziges Detail auszulassen. Einen Monat später traf ich den Mann, dessentwegen ich an meinen Engel geschrieben hatte. Er besaß all die wundervollen Qualitäten, die ich in meinem Engelbrief erwähnt hatte, und ich bin glücklich, sagen zu können, daß wir eine wunderschöne, liebevolle Beziehung haben.

Die seltsamste und witzigste Erfahrung, die ich in letzter Zeit mit Engeln hatte, ereignete sich, als ich von meinem früheren Zuhause im Nordwesten nach Fort Lauderdale flog. Eine Frau, die ich niemals zuvor gesehen hatte, würde mich vom Flughafen abholen. Ich hatte vergessen, nach einer Beschreibung zu fragen. Wie würde ich sie erkennen? Gerade als ich daran dachte, ging eine Stewardeß den Gang entlang an meinem Sitz vorüber. Sie trug über ihrem Arm einen Pullover und hielt nach seinem Eigentümer Ausschau. An dem Pullover befand sich eine wunderschöne Anstecknadel mit einem Engel.

In diesem Augenblick wußte ich, daß die Frau, die mich vom Flughafen abholen würde, auch eine Anstecknadel mit einem Engel tragen würde. Ich war mir dessen gewiß.

Als ich das Flugzeug verließ und in das Flughafengebäude ging, sah ich tatsächlich unter den vielen Menschen, die auf Passagiere warteten, eine freundlich aussehende Frau, die eine Anstecknadel mit einem Engel trug. Sie wartete auf MICH.

Als Casey an ihren Engel einen Brief schrieb, in dem sie ihren perfekten Partner beschrieb und um sein Erscheinen bat, tat sie etwas, daß sich in komplexen Situationen oft als besonders nützlich erweist.

Es ist wichtig, daß wir die Dinge zuerst abklären, bevor wir die Engel um Hilfe bitten, und eine der besten Methoden dazu ist, seine Gedanken zu Papier zu bringen. Einen Brief an die eigenen Engel oder an die von jemand anderem zu schreiben, kann helfen, die Gedanken zu ordnen, zu sondieren, sie in eine Perspektive zu bringen und zu klären.

Casey entdeckte auch, daß die Engel uns immer wissen lassen, daß sie da sind. Die Anstecknadel mit dem Engel, die sie auf dem Pullover sah, war ein Zeichen, daß ihre Engel ihr Ansuchen vernahmen. Engel können ihre Anwesenheit auf vielerlei Arten zeigen, indem sie für Zeichen und Zufälle sorgen, die nicht unbedingt zu dem Wort ENGEL oder zu den üblichen Symbolen in Beziehung stehen müssen, auch wenn sie es manchmal tun. Ich habe bemerkt, daß die Dinge meistens WIRKLICH in Schwung kommen, wenn ich darum bitte, die Gegenwart der Engel gezeigt zu bekommen.

Unter welchen Umständen sollen wir die Engel anrufen?

Wenn es darum geht, Hilfe vom Universum zu erhalten, gibt es keine festen Regeln.

Deine Schutzengel sind immer bei Dir, und andere stehen für zusätzliche Hilfe zur Verfügung. Sie können in Deinem Interesse intervenieren, ob Du darum ersuchst oder nicht.

Wenn Du in Schwierigkeiten bist, kannst Du ganz sicher um Hilfe ersuchen.

Doch auch bei kleinen Dingen, die anderen unbedeutend erscheinen mögen, für Dich aber wichtig sind, kannst Du die Engel anrufen.

Ob es um ernste oder lustige Dinge geht – du kannst IMMER um Hilfe bitten.

Emily ist eine Zeitungs-Kolumnistin, die mit ihrem Mann und drei Kindern in einer Großstadt im Süden lebt. Sie hatte eine außergewöhnliche Erfahrung, die sie uns hier in ihren eigenen Worten mitteilt.

Ich möchte diese Geschichte nicht um alles in der Welt trivialisieren. Ich schrieb dieses Ereignis himmlischer Intervention zu, aber ich bin gewillt anzunehmen, daß ein Engel beauftragt war, sich mit meinen unmittelbaren Bedürfnissen zu befassen.

Im Juli 1979 befanden wir uns auf unserer Hochzeitsreise. Wir waren amerikanische Reformjuden, die das orthodoxe Judentum in einem sehr religiösen Viertel von Jerusalem, in Mea Sharim, ernsthaft studierten, wobei wir in den jüdischen Unterkünften der alten Stadt wohnten.

Ich fuhr mit dem Bus hin und zurück. Eines Tages besorgte ich nach Unterrichtsende etwas Gemüse, einige Zwiebeln, Tomaten, ein Huhn und eine Handvoll anderer Dinge. Dann bestieg ich den Bus.

Es dauerte etwa zwanzig Minuten bis zu der Bushaltestelle, die unserer Wohnung am nächsten lag, ganz am Ende der Route, direkt bei der Klagemauer. Jeden Tag stieg ich aus dem Bus aus, ging an der Mauer vorüber und stieg einige Treppen hoch, um den Innenhof zu erreichen, wo wir wohnten.

An diesem Tag stand ich auf, um den Bus zu verlassen, und mein Gemüse fiel rund um mich auf den Boden. Vom Huhn durchsickernde Flüssigkeit hatte das braune Packpapier aufgeweicht. Wäre ich an irgendeiner anderen Bushaltestelle gewesen, hätte ich einfach mein Gemüse in meinen Rock eingesammelt, ihn wie eine Tasche über meine Knie hochgeschnürt, und das hätte genügt. Aber ich war an der Mauer. Ich konnte nicht mit dem Rock über die Knie hochgezogen an der Mauer vorübergehen. Ich war noch nicht orthodox, aber so weit war ich schon.

Ich kroch auf dem Boden des Busses herum, um meine Sachen einzusammeln. Dabei sagte ich halblaut zu mir, mehr fluchend als betend: »Gott, ich wünschte, ich hätte eine Einkaufstasche!«

Gerade suchte ich unter dem Sitz vor mir nach einer Zwiebel, die aus meinem Schoß gefallen war, da sah ich einen beigen Plastiksack mit einem braunen Netzmuster dort liegen. Er paßte genau. Ich sammelte alles ein und nahm ihn mit nach Hause.

Wenn Dir durch ein offensichtlich durch Jerusalem bewirktes Wunder eine Einkaufstasche geschenkt wird, versuchst Du sie zu behalten. Aber als ich ein oder zwei Tage später nach dieser Einkaufstasche suchte, war sie verschwunden.

Emilys Geschichte ist ein klassisches Beispiel für »Bitte und Dir wird gegeben«. Hundertemale brauchte ich etwas, und die Engel versorgten mich damit. Wenn wir aufmerksam sind, dann werden wir all die Hilfe, die wir erhalten, wahrnehmen.

Da ich zu jener Zeit keine Beziehung hatte, erschien mir das die perfekte Gelegenheit, mir die Qualitäten, nach denen ich suchte, vorzustellen und die Engel um Hilfe zu ersuchen. Ein Teil der Liste war, was ich rein äußerlich als »meinen Typ« von Mann betrachtete. Dafür wählte ich einen gutaussehenden Mann aus einem Katalog. Natürlich erwartete ich nicht, diesem Mann zu begegnen, sondern konzentrierte mich nur auf sein Aussehen. Das Modell entsprach dem Typ von Mann, den ich unwiderstehlich fand.

Nicht lange danach ging ich in ein Restaurant, um Freunde zu treffen. Fast unmittelbar, nachdem ich durch die Tür gegangen war, stellte sich mir ein sehr gutaussehender, charmanter junger Mann vor. Wir setzten uns und unterhielten uns für eine Weile, und er bat mich um ein Rendezvous. Ich hatte das Gefühl, daß es in Ordnung war, mit ihm Essen zu gehen, daß er verläßlich war. Also sagte ich zu. Als wir uns über unsere Arbeit unterhielten, fand ich heraus, daß er ein Geschäftsmann aus dem mittleren Westen war. Im Wohnzimmer seines Hotelapartments, in dem wir uns kurz aufhielten, bemerkte ich auf seinem Couchtisch den gleichen Katalog, den ich zu Hause hatte – jenen, aus dem ich das Foto ausgeschnitten hatte.

»Das bin ich«, sagte er und zeigte auf das Foto des Traummannes, das ich zu Hause in meine Wunschliste aufgenommen hatte. »Ich arbeite nebenbei auch als Modell.«

Ich war schockiert. Ich hatte ihn nicht als den Mann aus dem Katalog erkannt. Und ich konnte nicht glauben, daß ich mit dem Mann aus meiner Wunschliste ein Rendezvous hatte!

All die Jahre später bin ich immer noch überrascht, daß die Engel ein Treffen zwischen uns arrangierten.

Es ist also möglich, genau dem oder das zu treffen,

worum Du gebeten hast. Aber es gibt keine Garantie für das, was danach geschieht. Dir wird eine Gelegenheit gegeben, und dann wird sich daraus entwickeln, was für Dich am besten ist.

August Priest, ein Masseur und Therapeut aus Arizona, ersucht oft um spirituelle Führung, wenn er eine seiner vielen Heiltechniken anwendet. Gewöhnlich verwendet er eine Akupunktur und indianische Methoden für physische und psychische Heilung, aber eines Tages zeigten ihm seine Engel etwas vollkommen Neues.

»Eine meiner Patientinnen hatte eine sechs Monate alte Tochter, die sehr an ihr hing. Wenn jemand anderer sie hielt, schrie sie«, erinnert sich August. »Ihre Mutter bat mich, sie für eine Minute zu halten, während sie etwas im Haus erledigte, und ich war nicht sicher, was ich tun sollte.«

Da er nicht wollte, daß das Baby schrie, ersuchte August um spirituelle Hilfe.

»Ganz unvermittelt wurde mir bewußt, daß ich ein lautes Geräusch machte, wie der Gesang eines Wales oder wie wenn man in eine Seemuschel bläst. Ich hatte das Gefühl, daß ich genau das tun sollte.«

Er konnte kaum glauben, was er sah

»Ich drehte das Baby herum, und es weinte nicht, es gurrte!«

Er hatte niemals zuvor mit Tönen gearbeitet, entdeckte aber später, daß es eine wertvolle Heilmethode war.

»Die Schwingungen helfen besonders bei der Heilung emotionaler Probleme«, meint er. »Sie sind sehr beruhigend.«

August hat diese Technik bei seinen Patienten Hunderte Male angewandt, seit er vor vier Jahren ein schreiendes Baby damit beruhigte, und entdeckte, daß »jeder auf die Schwingungen auf eine bestimmte Weise reagiert.«

Bei jedem Patienten macht er es wie beim ersten Mal. »Ich lasse mich einfach von meiner Intuition, von meinen Engeln, leiten.«

Wie August entdeckte, arbeiten die heilenden Engel durch uns. Sie arbeiten durch unsere Hände und erlauben uns, andere und uns selbst zu heilen. Sie können auch über Musik und Duft, über Gehen und tiefes Atmen Heilung bringen – buchstäblich über alles, was unsere physische, emotionale und spirituelle Heilung erleichtert.

Neben einer entsprechenden Diät und Lebensweise rufe ich seit Jahren die Engel an, meine Migräne zu heilen. Wir arbeiten zusammen. Ich erinnere mich ganz deutlich an den Wendepunkt: Ich hatte wochenlang unter starken Schmerzen gelitten und nichts hatte den Migräneanfall zum Abklingen gebracht. Ich rief zu den Engeln um Hilfe und fühlte mich plötzlich ganz ruhig und warm, als ich eine Stimme sagen hörte: »Du wirst niemals wieder derartig leiden müssen.«

Obwohl ich seither in Abständen immer wieder an Migräne leide, hatte die Stimme recht: Ich habe niemals mehr so gelitten wie damals, und ich erfahre weiterhin Hilfe und Heilung von den Engeln.

Darline Beck, eine pensionierte Sekretärin aus Fort Lauderdale, erzählt mir seit vielen Jahren von ihren Erfahrungen mit Engeln. Diese besondere Geschichte, wie Darline sie hier erzählt, illustriert, wie verspielt Engel sein können.

Meine Zwillingsschwester Arline und ich glaubten immer schon an Schutzengel und baten immer um ihre Führung. Eines Tages suchte Arline, die Flugbegleiterin ist, erfolglos mindestens eine halbe Stunde lang nach ihren Uniformabzeichen. Unsere Mutter schloß sich der Suche gleichfalls an – umsonst. Panik! Bald mußte sie zum Flughafen aufbrechen, also stürzte auch ich mich in die Suche. Ich konnte die Abzeichen gleichfalls nicht finden.

»Laßt uns Herbert um Hilfe bitten«, sagte ich, mich auf ihren verstorbenen Mann beziehend. »Er hat immer so wunderbar auf Deine Geldbörse, die Schlüssel und die Abzeichen aufgepaßt. Vielleicht kann er Deine Abzeichen finden. Wo bewahrst Du seine Asche auf?«

Sie ging in das Zimmer, in dem seine Asche war, öffnete die Tür – und da waren ihre Abzeichen!

»Aber Mutter und ich haben hier bereits gesucht«, sagte meine durch die Entdeckung verstörte Schwester. »Und sie waren vorher nicht da!«

Waren sie die ganze Zeit über da? Materialisierten sie sich gerade in jenem Augenblick? Wir wissen es nicht.

»Danke, Herbert«, riefen wir alle laut und klar aus.

Wir fühlten das Lächeln auf seinem Gesicht, als er uns schalkhaft mit dem Finger drohte.

War Herbert dafür verantwortlich, oder unsere Schutzengel, oder beide?

Immer danke ich für alles meinen Engeln und Führern und vor allem Gott. Und seit ich mich weniger scheue, mit anderen über Engel zu sprechen, höre ich auch immer mehr andere Geschichten. Mehr Menschen, als wir denken, hatten bereits Erfahrungen mit Engeln, zögern aber, diese anderen mitzuteilen, aus Angst, daß jemand sie für verrückt halten könnte. Doch was mich betrifft, so hat das niemals jemand getan.

WAS KÖNNEN DIE ENGEL FÜR UNS TUN?

Auch wenn es Ihnen schwerfällt, das zu glauben – sie können alles für Sie tun, was sie tun MÖCHTEN. Als Gottes Botschafter kennen sie keine Begrenzungen.

Allerdings gibt es einige Einschränkungen: Sie sind hier, um uns zu helfen und um GUTES zu tun. Sie werden NICHT als rächende Armee auftreten. Sie werden Menschen keinen SCHADEN zufügen. Sie werden andere NICHT dazu zwingen, irgend etwas gegen ihren Willen zu tun. Sie mögen Menschen erleuchten, so daß sie ihre Meinung ändern, aber Zwang ist etwas, das nicht in Frage kommt.

Sie können ziemlich bemerkenswerte Dinge tun. Sie können ein Auto so bewegen, daß es keinen Zusammenstoß gibt. Sie können unbegrenzt Zufälligkeiten und Zusammentreffen arrangieren, so daß jemand zur richtigen Zeit am richtigen Ort ist, und genau das erhält, was er von einer Situation oder Person BRAUCHT, so lange es nicht eine Handlung gegen den Willen eines anderen oder etwas Negatives beinhaltet. Sie können Wunder bewirken.

Leigh, eine Journalistin Ende Dreißig, hat sich stets in ihrem Beruf wie auch in ihrem privaten Leben stark auf ihre Intuition und ihre Instinkte verlassen.

Seit ihrer Kindheit ist sie mit einem unheimlichen sechsten Sinn gesegnet, und sie fühlte, daß sie von schützenden Engeln geführt und unterstützt wurde. Erst seit kurzem, sagt sie, sieht sie es als eine Partnerschaft, und sie fragt sich, ob das auf die Weisheit ihrer zunehmenden Reife zurückzuführen ist.

Leigh hatte schon viele Erfahrungen, die als Unterstützung durch Engel interpretiert werden können – dramatische, praktische, humorvolle – und sie hat einige der bemerkenswerteren ausgewählt, um sie hier mitzuteilen.

An dem Tag, an dem sie begann, diese Geschichten zusammenzustellen, rief sie mich an und lachte.

»Du wirst nicht glauben, was ich gerade sah«, sagte sie. »Nun, vermutlich WIRST Du es glauben.«

»Was denn?« fragte ich.

»Ich kam soeben von einigen Besorgungen zurück, und als ich aus dem Parkplatz der Bank hinausfuhr, fuhr ein Auto an mir vorüber. Es erregte meine Aufmerksamkeit, weil es so etwas Sanftes an sich hatte. Hellgrau, groß und eckig, vielleicht zehn Jahre alt. Eine ältere Frau mit weißem Haar saß darin. Sie hatte einen rosa Pullover an, was seltsam war, weil es draußen so heiß ist. Sie sah aus, als käme sie geradewegs aus der Serie der »Walton« – sehr süß und großmütterlich, wie jemand, der immer Tee und Kuchen serviert und überall im Haus Spitzendeckchen hat. Aber es war ihr Zulassungsschild, das mich wirklich schaffte. Es war kein Scherzartikel, es war echt. Und es hatte keine Zahlen darauf, nur Buchstaben. Was glaubst Du, stand darauf?«

»Nun, was?« antwortete ich.

»EIN ENGEL«, sagte Leigh einfach. »Ich nehme an, ich muß nicht einmal fragen, ob das ein Zeichen war, oder? Ich lächelte den ganzen Weg nach Hause und fühlte mich, als ob mir das Universum zugewunken hätte.«

Das Universum hat seine eigene Art, das zu tun.

Vielleicht war das Zulassungsschild, das Leighs Weg gerade jetzt kreuzte, eine Botschaft von Gott, von den Engeln, die sagt, DANKE, DASS DU DEINE ERFAHRUNGEN MIT ANDEREN TEILST.

Seit etwa fünfzehn Jahren werden Leighs Arbeiten regelmäßig in den angesehensten Magazinen und Zeitschriften des Landes veröffentlicht. Oft, sagt sie, wird das Gespräch philosophisch, wenn sie Leute interviewt. Sie ist angenehm überrascht, daß beinahe alle der buchstäblich Hunderte von Menschen, die sie bisher interviewt hat, sich zu spirituellen Interessen und Ansichten bekannten.

»Künstler, Musiker, Tänzer, Schriftsteller, alle kreativ Tätigen, sprechen über ihr Talent und ihre Inspiration immer mit besonderer Ehrfurcht. Sie betrachten es als ein Geschenk von einer spirituellen Ebene. Die Muse des Künstlers ist ein Konzept, das viel mit Engeln zu tun hat. Und die Wissenschaftler sind besonders faszinierend, weil sie mit der Dualität von Glauben versus Beweis ringen. Einige glauben, daß die Wissenschaft nun langsam in das Territorium eindringt, das einst der Mystik vorbehalten war – daß die Physik beispielsweise nahe daran ist, zumindest theoretisch die Einheit zu beweisen, von

der Philosophen und Mystiker seit Jahrhunderten sprechen.«

Leighs Erfahrungen mit den Engeln sind hier in ihren
eigenen Worten wiedergegeben. Sie reichen von Erleb-
nissen während der Kindheit bis solchen aus jüngster
Zeit, im persönlichen wie im beruflichen Bereich. Immer
sieht man, daß das Universum einem nicht nur zuwinkt,
sondern auch, daß es oft eine helfende Hand reicht.

Ich wuchs im Nordosten in einer konservativen jüdischen Familie auf. Die religiöse Erziehung war typischer-
weise mehr kulturell als religiös orientiert. Wir hatten an
der Sonntagsschule und an der jüdischen Schule (zweimal in der Woche nach der regulären Schule) die übliche
religiöse Erziehung und begingen zusammen die wichtigen Feiertage. Natürlich war ich durch meine Freundschaft mit Angehörigen verschiedener Religionen und
durch den Schulchor, in denen wir immer Weihnachts-
lieder sangen, auch der christlichen Tradition ausgesetzt.
Während unserer Feiertagsprogramme sangen wir auch
jedes Jahr *Hannukah*-Lieder, üblicherweise die bekannten
Dreidel-Lieder über die Kreisel, mit denen Kinder
spielen. So genoß ich eine ziemlich abgerundete Erziehung. Und als besonders neugieriges Kind wollte ich immer mehr über alles wissen, ganz egal, was das Thema
war.

Ich glaube, daß ich Glück hatte, so vielem ausgesetzt zu sein. Ich wußte, wie man eine Hühnersuppe kocht, aber auch, wie man einen Weihnachtsbaum dekoriert. Am Weihnachtsabend besuchten wir gewöhnlich Freunde, die uns aufforderten, den Schmuck aufzuhängen, Lametta zu verteilen und heiße Schokolade zu trinken. Ich war ziemlich an Geschichte interessiert, und so lernte ich auch etwas über den geschichtlichen Kontext der Religionen, nicht nur über ihre Feste. Ich wußte, daß das Christentum mehr war als der Weihnachtsmann und der Osterhase. Ich wußte, daß das Judentum mehr war als die Kerzen zu Hannukah oder *Matzoh* zum Passafest. Die Philosophie und der Mystizismus östlicher Religionen faszinierten mich. Ich war wahrscheinlich, als ich sechs Jahre alt war, schon ein richtiger Philosoph.

Aber wenn ich an Engel dachte, dachte ich immer an das Christentum – besonders an die katholische Kirche. Trotz meiner jüdischen Erziehung wußte ich nicht, daß Engel im Judentum eine Rolle spielten. Unsere Lehrer gingen niemals darauf ein. Als ich älter wurde, erkannte ich, daß der mystische Teil des Judentums nur im orthodoxen Zweig, unter den am striktesten praktizierenden Juden, wirklich lebendig war, und unter den ultra-orthodoxen, den Chassidim, die man an ihrer Ähnlichkeit mit dem Fiedler auf dem Dach aus *Anatevka* erkennen kann.

Im konservativen und reformierten Judentum, einer modernen, verwässerten Version des orthodoxen oder traditionellen Judentums, wurden Mystizismus und Spiritualität total vernachlässigt. Das hielt, und halte ich noch, für ziemlich traurig, weil das eigentlich der faszinierendste Aspekt JEDER Religion ist. Erst als Erwachsene entdeckte ich, daß Engel nicht das ausschließliche Eigentum der Christenheit sind, daß sie vielmehr aus der jüdischen Tradition in die christliche Überlieferung übernommen wurden. Engel sind im Judentum genauso bedeutend wie im Christentum. Darauf gehen sie zurück: auf das Alte Testament. Alte und zeitgenössische jüdische Schriften sind voller Hinweise auf Engel. Andere Juden, die ich kannte, waren genauso überrascht wie ich, das herauszufinden. Denn die mystischen Teile des Judentums wurden traditionellerweise vertuscht. In orthodoxen Kreisen wird seit langer Zeit empfohlen, daß Männer die Kabbala, das Zentrum jüdisch-mystischer Weisheit erst studieren, wenn sie vierzig Jahre alt und weise genug sind, um sie zu verstehen. Frauen wurden in der ganzen Geschichte niemals dazu ermuntert, die mystischen Aspekte des Judentums zu studieren.

Ich war erst elf, als ich für mich selbst entschied, daß ich an organisierter Religion nicht besonders interessiert war, daß es statt dessen für mich nur Gott und mich geben sollte. Eine persönliche, einfache Religion, die auf Gottvertrauen basierte, nicht auf Kultur oder Ritual. Ich saugte weiterhin alle Informationen wie ein Schwamm auf, aber ich hatte meine eigene spirituelle Identität, unabhängig von irgendeiner organisierten Religion, herausgebildet. Es war einfach. Es war klar. Ich mochte die Idee und fühle mich mit meinem Glauben immer noch enorm gut. Tatsächlich dachte ich immer, daß organisierte Religionen, Institutionen, das Gottvertrauen behindern können, weil sie zu viele Barrieren zwischen dem Individuum und Gott errichten.

Als ich ein Kind war, war mein Leben von Intuition, Zufällen, Synchronizitäten und ähnlichem erfüllt. Ich wußte, daß ich eine Art Empfangsstation für Informationen war – Informationen, die mich zumeist spontan erreichten; in den meisten Fällen ersuchte ich nicht besonders darum. Und zumeist geschah es außerhalb des Bereiches meiner fünf Sinne. Ich mußte nichts sehen, hören, berühren, schmecken oder riechen, um einen Beweis zu haben. Zumeist wußte ich die Dinge einfach, erkannte sie instinktiv oder intuitiv. Ich irrte mich bei diesen Dingen nur selten.

Wie man sich vorstellen kann, ist das für eine Journalistin sehr nützlich – die Fähigkeit, trotz Widersprüchen um mich herum die Wahrheit zu fühlen; die Fähigkeit, Situationen genau wahrzunehmen; die Fähigkeit, zur rechten Zeit am rechten Ort zu sein. Vor nicht allzulanger Zeit dachte ich über diese Fähigkeiten nach und begann ein Muster zu erkennen.

Ja, wir berichten die Fakten, aber wir werden zu ihnen oft durch unsere Instinkte geleitet. Als Journalistin arbeite ich immer mit einer paradoxen Mischung von Skepsis und blindem Vertrauen. Ich bin skeptisch gegenüber allem, was ich sehe und höre, aber ich vertraue auf das, was ich fühle. Wie die meisten von uns, war ich immer stolz auf meine hoch entwickelte Intuition, meine Instinkte, meine Reaktionen. Ich bin so klug, dachte ich. Ich war gut dreißig Jahre alt, bevor ich das Offensichtliche erkannte – das sind keine Dinge, die ich mir zugute halten kann, sie sind vielmehr Teil eines Führungssystems, das durch das Universum zur Verfügung gestellt wird. Es kommt vom Schicksal. Oder von Gott. Oder von seinen Boten, den Engeln. Wie immer man es bezeichnet, ich erschaffe die Informationen oder die Umstände nicht, ich erhalte sie einfach von anderswo her.

Als ich diese Instinkte und Ereignisse von dieser Perspektive aus betrachtete, erkannte ich überrascht, wieviel Führung ich mein ganzes Leben lang erhalten hatte. Wie gut sich die Dinge entwickelten, wenn ich darauf hörte. Und wie schlecht, wenn ich es nicht tat. Doch selbst wenn ich nicht auf die instinktive Stimme hörte und die Dinge sich in eine chaotische Richtung entwickelten, kam am Ende immer etwas Gutes oder Instruktives dabei heraus. Ich glaube, auf diese Weise kommen wir zum richtigen Kurs zurück. Wir sind vielleicht etwas durcheinandergeschüttelt, aber wir kommen am Ende dorthin, wo wir hinkommen sollen.

Manchmal sind die Botschaften so stark, daß wir einfach auf sie hören und sie befolgen MÜSSEN. Und dann sind wir froh, es getan zu haben, weil wir noch am Leben sind, um darüber zu berichten.

Im Frühling 1974 waren Anne, meine beste Freundin, und ich achtzehn Jahre alt und gerade dabei, die Highschool abzuschließen. Gemeinsam mit einigen unserer anderen Freunde wollten wir an einer großen Universität einige hundert Meilen von unserer kleinen Stadt entfernt, studieren. Anne entschloß sich, ihr Auto nicht mitzunehmen. Wie die meisten ersten Autos von Teenagern war es ein Gebrauchtwagen mit viel Persönlichkeit, aber wenig Verläßlichkeit. Und davon abgesehen, dachte sie, würde sie auf dem Campus leben und es nicht wirklich brauchen.

Die Nacht, bevor der neue Eigentümer es übernehmen sollte, entschlossen wir uns, das alte Vehikel zu verabschieden, indem wir es zu einem letzten Abenteuer ausfuhren. Wir wollten in einem tollen Barbecue-Lokal essen gehen, in einer andere Stadt, die etwa zwanzig Meilen entfernt war. Es genügte uns nicht, nur um die Ecke zu fahren und irgendwo Hühnchen, Rippchen und Pommes frites zu holen. Wir wollten WIRKLICH FAHREN. Wir würden mindestens dreißig Minuten in jeder Richtung brauchen, und da gab es das zusätzliche Plus der Autobahn. Neue Ausfahrten nahe des Restaurants waren hinzugefügt worden, und wir wollten auch das ausprobieren.

Anne holte mich um fünf Uhr nachmittags ab. Die Fahrt zum Lokal war ereignislos. Wir gedachten all der Zeiten, in denen das Auto in der Werkstätte war. Dachten an den Mechaniker, den Anne inzwischen beinahe als Teil der Familie ansah.

Nach dem Essen fuhren wir ein wenig in der Stadt herum. Anne hatte sentimentale Gefühle.

»Das ist das letzte Mal, daß ich dieses Auto aus dem Parkplatz eines Restaurants hinausfahre«, seufzte Anne, als ob sie sich von der großen Liebe ihres Lebens verabschiedete. »Und das ist das letzte Mal, daß ich den Zündschlüssel umdrehe.«

Wir lachten und fanden noch viele »letzte Male«, bis die Sonne unterging. Es war beinahe acht Uhr und noch nicht ganz dunkel, als wir die neue Auffahrt auf die Autobahn zu suchen begannen. Wir konnten sie nicht finden. Wir sahen die Autobahn, aber keine Straße, die wir nahmen, führte uns zu ihr. Wir sahen keine Schilder, also fuhren wir weiter im Kreis und versuchten eine kleine Seitenstraße nach der anderen.

»Da vorne rechts«, sagte ich und zeigte hin, »vielleicht ist sie das.«

Als wir näher kamen, wußten wir, daß wir sie schließlich gefunden hatten. Die Auffahrt wurde zu einer Überfahrt, und trotz der Bäume, die uns die Sicht nahmen, konnten wir schließen, daß sie schließlich zur Autobahn führte.

Der graue Himmel war am Horizont orange und rosa gestreift. Wolkenfetzen hingen über uns. Die Autos auf der Autobahn begannen die Scheinwerfer einzuschalten. Anne hatte unsere noch nicht angeschaltet.

Ich hatte ein unheimliches Gefühl, als wir die Auffahrt hinauffuhren. Wo waren die vertrauten grün-weißen Zeichen? Anne erhöhte die Geschwindigkeit, damit wir uns schließlich mit 55 Meilen pro Stunde in den Verkehr einordnen könnten, und fuhr die Auffahrt hoch. Da sich die Auffahrtsrampe in eine Überfahrt teilte, konnten wir von unserem Standpunkt nicht erkennen, was hinter der Kuppe lag. Anne fuhr bereits 45 Meilen pro Stunde.

Plötzlich sah ich in meinem Geist einen Abgrund. Ich sah, daß die Straße gerade hinter der Kuppe endete. Daß die Auffahrtsrampe noch nicht fertig gebaut war. Daß es keine andere Seite GAB, die in den Verkehrsstrom führte.

»Anne«, schrie ich, »halte das Auto an. Da ist ein Abgrund! Halte das Auto an!«

Anne sah keinen Abgrund, und wenn ich aus dem Fenster hinausblickte, sah auch ich keinen. Wir konnten beide nur die zur Kuppe der Auffahrt ansteigende Straße sehen. Aber ich WUβTE, der Abgrund war da. Ich sah ihn im Geist. Ich FÜHLTE ihn.

»Da ist ein Abgrund!« schrie ich wieder. »Halte das Auto an!«

Anne sagte kein Wort. Sie stieg auf die Bremsen, und das Auto drehte sich um die eigene Achse, als es vor der Kuppe stoppte. Wir waren in Ordnung. Wir stiegen aus dem Auto und gingen die Auffahrt hinauf. Es gab keine Zeichen, kein Licht, keine Barrikaden. Und keine Straße. Sie hörte auf, genau so wie ich es im Geist gesehen hatte. Auf der anderen Seite der Kuppe hörte die Auffahrtsrampe plötzlich auf. Mit einem Abgrund von gut 10 Metern auf die Autobahn darunter.

Wir standen völlig entsetzt da.

»Wie konnten sie das tun?« sagte ich, bestürzt über

die bürokratische Dummheit, die eine unfertige Auffahrt ohne Warnung belieβ, eine Todesfalle, die nur auf nichts-ahnende Fahrer wie uns wartete.

Anne war sprachlos. Sie frage mich nicht, wie ich nur wenige Augenblicke, bevor wir geradewegs in ihn hinein-gefahren wären gewuβt hatte, daβ es hier einen Abgrund gab. Sie wuβte, daβ ich ihn, obwohl nicht mit meinen Augen, nichtsdestoweniger gesehen hatte. Sie kannte mich gut und lange genug und war Zeuge vieler anderer Gelegenheiten gewesen, bei denen meine Intuition auf höchstem Niveau gearbeitet hatte.

Während Anne am nächsten Morgen ihr Auto gegen einen Barscheck eintauschte, ging ich spazieren und hat-te ein kleines Gespräch mit Gott. Ich wuβte an diesem Morgen, daβ die starken intuitiven Kräfte, die ich mein ganzes Leben lang hatte, ein Geschenk waren. Inzwi-schen weiβ ich, daβ sie eine besondere Partnerschaft darstellen. Mein Schutzengel zeigte mir im Geist, daβ uns nicht einmal 6 Meter von dem Ort entfernt, an dem Annes Auto schließlich anhielt, ein Abgrund erwartete. Ich vertraute dem, was ich im Geist sah, und Anne eben-falls. Ich weiβ nun, daβ wir auf eine spirituelle Führung vertrauten, die damals eingriff, um unser Leben zu retten.

Ich ging etwa fünfhundert Meilen von zu Hause entfernt zur Universität und besuchte meine Familie zweimal im Jahr für ein oder zwei Wochen. Es war Januar 1980. Nach-

dem ich einige Jahre in verschiedenen Jobs im Medien-
bereich gearbeitet hatte, kehrte ich zum Vollzeit-Studi-
um an die Universität zurück. Ich war gerade auf Urlaub
zu Hause bei meiner Familie gewesen und hatte
während meines Aufenthaltes viel Zeit mit meinem fünf-
undachtzigjährigen Großvater verbracht, der kürzlich in
ein Pflegeheim umgezogen war. Wegen seines Herzens
und seiner Krebserkrankung wußten wir, daß er nicht
mehr sehr lange leben würde.

An diesem Morgen im Januar hatte ich um neun Uhr
eine Vorlesung, dann um zehn Uhr eine andere auf der
anderen Seite des Campus. Als ich die erste Vorlesung
verließ, ging ich zu meinem Auto, um zur nächsten zu
fahren. Aber sobald ich das Auto gestartet hatte, hatte
ich das Gefühl, daß ich die Vorlesung nicht besuchen
sollte. Das war nicht die übliche Versuchung, eine Klasse zu schwänzen, der Studenten oft unterliegen. Ich hatte diesbezüglich ein starkes Gefühl.

Etwas sagte mir nicht nur, daß ich diese Vorlesung
nicht besuchen sollte, sondern auch, daß ich nirgendwo
anders hingehen sollte als zurück in mein Apartment.

»Nun gut«, dachte ich, »ich werde nach Hause gehen.«

Ich wußte einfach, daß es richtig war, unabhängig davon, was ich versäumte. Ich schob jedes Schuldgefühl
beiseite und fuhr zu meinem Apartment zurück. Ich ging
durch die Tür, und bevor ich noch meine Tasche ablegen
konnte, läutete das Telefon

»Das war der Grund, weshalb ich nach Hause kommen
mußte«, dachte ich, »um für diesen Anruf hier zu sein.«

Ich nahm den Hörer ab und wußte, sobald ich die Stimme meiner Mutter hörte, daß ich die richtige Wahl getroffen hatte. Sie sagte mir, daß mein Großvater an diesem Morgen gestorben war.

»Packe sofort«, sagte sie, »und fahre zum Flughafen. Wir haben ein Ticket für Dich reserviert.«

Das Begräbnis würde am nächsten Morgen stattfinden, in einer Stadt, die fünfzehnhundert Meilen entfernt war, und ich mußte das nächste Flugzeug erreichen.

Wieder einmal hatte mich die kleine Stimme, das Gefühl, dem ich folgte, in die richtige Richtung geleitet.

Das Universum und seine Engel sind unseren Bedürfnissen und unserer Sicherheit gegenüber besonders aufgeschlossen, wenn wir reisen. Es ist kein Zufall, daß sich so viele Geschichten über Unterstützung durch Engel um Autos, Flugzeuge und Züge drehen. 150 Jahre früher hätten wir von Beinahe-Unfällen zu Pferde und mit Kutschen gehört.

Wenn wir reisen, sind wir allen möglichen Gefahren, Unglücksfällen und Verwirrungen ausgesetzt. Hier können Engel ihre subtilste, bemerkenswerteste und oft amüsanteste Arbeit leisten. Wir sahen wie das »Sehen« der unfertigen Straße Leigh und Anne davor bewahrte, das Auto ins Nichts zu fahren. Nun hören wir von Kate, achtunddreißig Jahre alt, die eine heitere Form von Reisehilfe im Stil der Engel erfuhr. Sie erzählt uns in ihren eigenen Worten eine amüsante Episode, die vor etwas vierzehn Jahren passierte.

Ich war nach Connecticut geflogen, um an einer Familienfeier teilzunehmen, und kam mit zwei kleinen Koffern voller Pullover und anderer dicker Winterkleidung an, die so viel Platz wegnimmt. Ich hielt mich für drei Tage dort auf und flog dann weiter nach Philadelphia, um für weitere drei Tage Freunde zu besuchen.

Jedesmal wenn ich nach Connecticut kam, gingen meine Lieblingstante und ich gemeinsam einkaufen, so daß ich am Ende meines Besuches mit VIER Koffern abreiste. Meine Freundin Caroline wollte mich am Flughafen in Philadelphia abholen, aber ich würde mehr als eine Stunde auf sie warten müssen, weil sie nach ihrer Arbeit vorbeikommen wollte.

»Wie willst Du vier Koffer von der Gepäckausgabe bis zu eurem Treffpunkt tragen?« fragte meine Tante. Sie dachte nicht daran, daß es dafür Gepäckwagen gibt, und genausowenig tat ICH es.

»Mach Dir keine Sorgen«, antwortete ich ganz lässig. »Irgendein netter Holzfäller wird sie für mich tragen.«

Als die Motoren anliefen, kam ein letzter Passagier den Gang heruntergelaufen, um nach seinem Sitz zu suchen. Er hatte den Platz neben mir. Ich beobachtete, wie er seine Reisetasche in dem Fach über uns verstaute. Er war in den Dreißigern, ungefähr 1,90 m groß, kräftig und hatte sandbraune Haare und einen kurzgeschnittenen Bart. Er trug ein rot, blau und grün kariertes Hemd, Jeans und derbe Arbeitsstiefel. Er war ein rauher Kerl, und ein Riese obendrein.

Außer Atem setzte er sich neben mich.

»Beinahe hätte ich das Flugzeug verpaßt!« sagte er. Er hatte eine freundliche und sanfte Art und ein sehr heiteres Gesicht für jemanden, der so rauh aussah. »Besuchen Sie in Philadelphia Ihre Familie?«

»Nein, ich besuche Freunde«, antwortete ich.

»Ich auch«, sagte er. »Was arbeiten Sie?«

»Ich bin Schriftstellerin«, sagte ich. »Und Sie?«

»Ich bin Holzfäller«, antwortete er.

Mein Mund öffnete sich weit, aber kein Ton kam heraus. In meinem Kopf jedoch schrie es: »Sie sind ein HOLZFÄLLER?« Wie viele Holzfäller gab es wohl noch auf diesem Planeten? Ich hatte noch nie einen getroffen. Sind Sie jemals einem begegnet? Auch nicht, nicht wahr? Ich konnte nicht glauben, daß ich, fünfzehn Minuten, nachdem ich meiner Tante im Spaß gesagt hatte, sie solle sich nicht sorgen, weil ein netter Holzfäller meine Koffer tragen würde, neben einem netten Holzfäller saß, der am Ende aller Wahrscheinlichkeit nach meine Koffer tragen würde.

Falls er meinem Gesicht den Schock ansah, ließ er sich jedenfalls nichts anmerken. Während der restlichen Flugzeit, die nicht mehr als eine halbe Stunde betrug, unterhielten wir uns kaum. Nur ein paar kurze Worte hier und da. Zumeist lasen wir beide irgendwelche Magazine. Die Gedanken überschlugen sich in meinem Kopf: Wie hoch war die Wahrscheinlichkeit, daß ein Holzfäller einfach so hier auftauchte? Was machte er in Connecticut und auf dem Weg nach Philadelphia, wenn Holzfäller doch am ehesten noch im Nordwesten, im Staate Washington oder Oregon, erwarten würde, wo es eine Holzindustrie gibt? Was ging hier vor?

Ich erwähnte ihm gegenüber niemals die Bemerkung, die ich zu meiner Tante gemacht hatte, oder daß ich vier Koffer und nur zwei Arme hatte. Ich bat ihn nicht um Hilfe.

Das Flugzeug landete, und obwohl er nur die Reisetasche bei sich hatte, die er ins Flugzeug mitgenommen hatte, folgte er mir zur Gepäckausgabe. Meine vier Koffer kamen ziemlich schnell an. Er sagte, daß für ihn kein Gepäck kommen würde.

»Möchten Sie, daß ich Ihnen beim Tragen Ihrer Koffer helfe?« fragte er.

»Ja, danke«, antwortete ich und erwartete, daß er zwei und ich zwei tragen würde.

Aber er schaufelte alle vier hoch und trug sie, einen unter jedem Arm und einen in jeder Hand, seine Reisetasche über die Schulter gehängt. Ich trug meine Tasche, und wir gingen nebeneinander her.

»Wo holt Ihre Freundin Sie ab?« fragte er.

Ich sagte es ihm und entschuldigte mich dafür, daß wir dabei den ganzen Flughafen durchqueren mußten.

»Das macht nichts«, sagte er. »Kein Problem.«

Wieder unterhielten wir uns kaum. Wir gingen und gingen, und dann ließ er unmittelbar vor einem dieser geschwungenen Plastiksessel in der Wartehalle des Flugplatzes meine Koffer sanft niedergleiten, alle vier gleichzeitig, wie es schien.

»Vielen Dank«, sagte ich, »ich bin Ihnen wirklich sehr dankbar.« Ich beugte mich nieder, um meine Koffer in eine Linie zu bringen. Ich hatte vor, ihm danach die Hand zu geben. Aber als ich mich aufrichtete, war er in der Menge verschwunden. Es geschah alles sehr schnell. Ich sah mich um, aber er war verschwunden. Mit 1,90 m sollte er eigentlich jedermann überragen und leicht auszumachen sein. Aber ich sah ihn nirgendwo.

Ich erinnerte mich an diesen alten Satz: »Bitte, und dir wird gegeben.« Es scheint ziemlich offensichtlich, daß ich um einen Holzfäller gebeten – und tatsächlich einen erhalten hatte.

In der folgenden Geschichte lernen Sie Maggie kennen, eine Schriftstellerin wie viele andere, die ihren Instinkten und der Führung durch ihre Engel folgen.

Maggie schreibt für große Magazine, vorwiegend über Kunst, Wissenschaft und medizinische Forschung. In ihrer Geschichte erzählt sie uns, wie die Engel ihr den Weg ebneten, als sie vor mehr als einem Dutzend Jahren hauptberuflich zu schreiben begann.

Wir fragen uns oft, ob unsere Schutzengel die ganze Zeit über bei uns sind. Wenn sie auch im Badezimmer bei uns sind, stört das unsere Vorstellung von Privatsphäre. Aber das bedeutet nicht, daß sie da sind, um auf uns zu zeigen und zu lachen. Sie sind aus einem bestimmten Grund im Badezimmer. Ich weiß das aus Erfahrung.

Als ich Mitte Zwanzig war, arbeitete ich in der kleinen Stadt, in der ich die Universität besucht hatte. Ich hatte in verschiedenen Jobs Medienerfahrung gesammelt, aber ich wußte, daß ich eigentlich hauptberuflich schreiben wollte.

Ich war in meine Heimatstadt geflogen, um an der Hochzeit meines Bruders teilzunehmen, und am ersten Tag dort gaben meine Eltern in ihrem Heim einen Empfang für mehr als dreißig Familienmitglieder und Freunde. Nach meinem dritten Glas Eistee hatte ich ein dringendes Bedürfnis. Bei so vielen Menschen im Haus war ich nicht überrascht, daß die Gästetoilette im Erdgeschoß besetzt war. Weil mein Bedürfnis keinen Aufschub duldete, ging ich ins Obergeschoß und ins Badezimmer meiner Eltern.

Ich schloß die Tür, setzte mich nieder und sah auf den Korb voller Magazine. Ich kam aus einer Familie von Leseratten. Wir lesen einfach ÜBERALL. Eines der kleinen Vergnügen meiner Kindheit war, bei Besuchen alles zu lesen was andere Leute auf IHREN Couchtischen und in IHREN Körben hatten. So freute ich mich, daß ich diese überfließende Kollektion neuester Magazine gerade zu meinen Füßen hatte. Das oberste erregte meine Aufmerksamkeit. Es war das lokale Stadtmagazin. Da ich seit acht Jahren nicht mehr hier gelebt hatte, hatte ich es nie gesehen, aber ich hatte gehört, daß es zu den besten des Landes zählte. Was für eine Freude – meine Eltern hatten es abonniert, und außer der neuesten Ausgabe obenauf waren noch viele ältere Ausgaben im Stoß darunter verborgen.

Ich durchblätterte die neueste Ausgabe und wußte sofort, daß ich für dieses Magazin schreiben würde. Wußte tief in mir, daß ich dorthin gehörte. Ich blätterte zu den ersten fünf Seiten zurück und prüfte, ob ich jemanden auf der Redaktionsliste kannte. Nein, nicht eine einzige Person. Es machte nichts. Ich hatte das ganz bestimmte Gefühl, daß hier meine Bestimmung lag.

Als ich das Badezimmer verließ, hatte ich eine große Entscheidung über mein Leben und meine Karriere getroffen. Ich würde hierher zurückziehen. Und ich würde für dieses Magazin schreiben. Ich sagte nichts zu meiner Familie, bis die Hochzeit vorüber war. Sobald ich drei Tage später nach dem Rückflug mein Apartment betrat, rief ich sie an.

Sie dachten, ich sei verrückt.

»Hast Du einen Job in Aussicht?« fragten meine Eltern.

»Ich werde einen haben, wenn ich da bin«, antwortete ich und erzählte von dem Magazin im Badezimmer und von meinem guten Gefühl. »Alles wird sich ergeben, Ihr werdet sehen.«

Jetzt dachten sie natürlich erst recht, daß ich verrückt sei.

»Brauchst Du nur hineinzugehen und zu sagen, Hallo, ich bin Ihre neue Mitarbeiterin?« fragten sie, sicher, daß die Antwort nein war.

»Das ist genau das, was ich vorhabe«, antwortete ich mit der Art von Zuversicht, die diese intensiven Gefühle begleitet. »Aber nicht unbedingt mit diesen Worten.«

»Brauchst du nicht eine Art Empfehlung an den Herausgeber? Ich dachte, es wäre schwierig, da hineinzukommen. Gibt es da nicht irgendeinen offiziellen Weg, den Du einschlagen mußt?« wollte meine Mutter wissen.

»O natürlich, da gibt es viele Regeln«, antwortete ich. »Also werde ich jede einzelne davon brechen. Niemand hat es jemals zu etwas gebracht, indem er den offiziellen Weg befolgte. Es heißt, daß man keinen Herausgeber anruft, den man nicht kennt. Herausgeber sind vielbeschäftigte Leute, die nicht die Zeit oder das Bedürfnis haben, mit jemand Unbekanntem zu reden. Nun, ich werde diese Herausgeberin anrufen, und ich weiß, sie wird mir einen Termin geben. Ich werde Ihr meine Bewerbungsunterlagen geben, ihr die Handvoll Artikel zeigen, die ich bereits veröffentlicht habe, und einige Ideen für Artikel vorschlagen. Und wenn ich sie verlasse, werde ich einen Auftrag haben.«

»Wie kannst Du so sicher sein?« fragte mein Vater mit seiner üblichen Skepsis.

»Ich weiß nicht. Aber ich bin sicher«, sagte ich und versuchte ihm deutlich zu machen, daß ich nicht irgendeine freche junge Frau war, sondern eine, die wußte, daß dies ihre Bestimmung war und daß es sehr leicht sein würde. »Ich kann es nicht anders erklären.«

»Wo wirst Du wohnen?« fragte mein Vater, der hoffte, mich durch dieses kleine Detail zu verwirren.

»Das habe ich bereits geregelt«, sagte ich. »Ich werde mit Jenny zusammenziehen.« Wir waren Freunde seit unserer Highschool-Zeit und öfter auch Zimmerkolleginnen während und nach der Universität, und sie war im vergangenen Jahr in die Stadt zurückgezogen. Ich hatte vor, für eine Weile bei ihr zu wohnen, bis ich mich zurechtgefunden hatte, und dann eine eigene Wohnung zu suchen. Vor Jahren war sie einmal, als sie eine absolut schreckliche Zimmerkollegin endgültig über hatte, um zwei Uhr morgens an meiner Türschwelle aufgetaucht. Ich machte Platz für sie, und sie wohnte für den Rest des Semesters bei mir. Also zählte ich darauf, daß ich nun im Gegenzug bei ihr würde wohnen können.

»Wann ziehst Du um?« fragte meine Mutter, wobei sie dachte, daß das ein Langzeitplan war.

»Nun, mal sehen«, sagte ich. »Heute ist Dienstag. Es wird ein paar Tage dauern, um die Dinge hier zu ordnen. Ich werde Freitag abend da sein.«

Wieder dachten sie, ich sei verrückt.

Aber ich mußte mich um keinen Mietvertrag kümmern. Der lief auf den Namen meiner Zimmerkollegin, und sie hatte eine Freundin, die meinen Platz einnehmen konnte. Ich konnte alles, was nicht in mein kleines Auto paßte, weggeben oder verkaufen – es war sowieso an der Zeit, den Kram loszuwerden, der während der

Hochschulzeit irgendwie als Einrichtung durchgegangen war –, meine Katze auf den Vordersitz packen und losfahren. Es würde einfach sein. Alles würde sich ergeben. Ich WUSSTE es einfach. Das Universum würde den Weg für mich ebnen. Ich hatte nicht einen Funken Zweifel und ließ mich auch durch die Zweifel anderer nicht beirren.

Nun, die Engel müssen Überstunden gemacht haben, denn alles ergab sich tatsächlich mühelos. Als ich spät nach Mitternacht am Freitag ankam – o. k., es war keine vollkommen reibungslose Fahrt, es regnete die ganze Strecke hindurch, wodurch eine Achtstundenfahrt zu einer Zwölfstundenfahrt wurde, aber es machte mir nichts aus – wußte ich, daß ich die richtige Entscheidung getroffen hatte, die einzige Entscheidung, die ich treffen KONNTE.

Am Montag rief ich die Herausgeberin an und bat um einen Termin. Sie würde sich freuen, mich zu sehen, sagte sie, und als sie von meiner Medienerfahrung hörte, gab es sofort einen Anknüpfungspunkt – sie schrieb früher für eine Zeitung Fernsehkritiken und war sehr froh, noch jemanden im Team zu haben, der die Medien betreuen konnte.

Als wir uns vier Tage später trafen, war es wie ein Wiedersehen von zwei alten Freunden. Sie gab mir sofort einen Auftrag. Die Idee, die ich ihr vorlegte, war etwas, was sie lange Zeit geplant hatte, aber sie hatte niemanden mit der entsprechenden Erfahrung gefunden, es durchzuführen – bis ich aus dem Nichts auftauchte. Wie es sich herausstellte, hatte mein Bruder mit ihr die Universität besucht, und mein Herausgeber und ich hatten dieselbe Universität besucht, obwohl sie mir sechs Jahre im voraus war. Wir hatten auch gemeinsame Freunde.

Dieser erste Auftrag wurde später zur Titelgeschichte und wurde für eine Auszeichnung vorgeschlagen. Ich gewann nicht, aber das machte nichts. Meine Herausgeberin wurde mir so vertraut wie ein Familienmitglied. Sie machte mich mit dem Mann bekannt, den ich später heiraten sollte. Es endete zwar mit einer Scheidung, aber das kreide ich ihr nicht an. Meine Arbeit für dieses Magazin führte schließlich dazu, daß ich landesweit auch für andere Zeitschriften, darunter einige der größten nationalen Magazine, schrieb.

Kurz gesagt, dieser Gang in das Badezimmer führte zu einer enormen Veränderung meines Lebens, startete meine Karriere als Schriftstellerin und öffnete erstaunliche berufliche und persönliche Türen für mich. Ich weiß, daß ich geführt wurde, diesen Sprung ins Ungewisse zu tun. Engel folgen Dir also tatsächlich bis ins Badezimmer. Aber sie betätigen nicht die Wasserspülung für Dich!

Vielleicht erinnern Sie sich an Gordon MacRae, den Star von Film-Musicals der fünfziger Jahre, z. B. der Klassiker OKLAHOMA und KARUSSELL. Die Frau des inzwischen verstorbenen Schauspielers, Sheila MacRae, spielte mit

Gordon auf der Bühne, in Film und Fernsehen, und ist am besten bekannt als »Alice Kramden« aus der Serie »The Honeymooners«, die von 1967-1973 spielte. Danach setzte sie ihre Karriere in Theaterstücken am Broadway und in Gastspielen fort.

Sheila MacRae hat ein Zuhause in Kalifornien und eines in New York. Sie spricht oft öffentlich über ihre spirituellen Erfahrungen während ihrer Kindheit und als Erwachsene.

Im Laufe der Jahre erzählte mir Sheila von vielen Fällen, bei denen ihre Intuition, ihre Führung durch Engel, sie erfreute oder auch vor Gefahren warnte. Sie wählte die folgenden Geschichten für dieses Buch aus.

1946, vor ihrem Hollywood-Erfolg, waren Sheila und Gordon ein jungverheiratetes Paar, das sich von vielen anderen ihrer Zeit kaum unterschied. Gordon war beim Army Air Corps (die spätere Air Force) und in Texas stationiert, wo er Piloten ausbildete. Sheila war schwanger, und das Paar wartete voll Freude auf die Geburt ihres Kindes, auch wenn Gordon wegen der Flugmanöver oft den ganzen Tag lang von seiner Frau getrennt war.

Eines Tages, es war um das Erntedankfest herum, schreckte Sheila, wie sie sich erinnert, gegen elf Uhr morgens hoch und »wußte, daß Gordy etwas zugestoßen war. Ich konnte ihn nicht anrufen, weil er den ganzen Tag über mit Trainingsübungen beschäftigt und telefonisch nicht zu erreichen war.«

Das Gefühl, das über sie kam, war so stark, daß sie es nicht ignorieren konnte. Es ging nicht vorbei, und sie fühlte sich hilflos. Sie wußte, sie *mußte* etwas unternehmen.

»Beten Sie«, schlug ihre Vermieterin vor.

Sheila betete. Sie begann den einundneunzigsten Psalm zu rezitieren, der vom Schutz durch Gott und seine Engel handelt.

[10] *Dir begegnet kein Unheil,*
kein Unglück naht deinem Zelt.
[11] *Denn er befiehlt seinen Engeln,*
dich zu behüten auf all deinen Wegen.
[12] *Sie tragen dich auf ihren Händen,*
damit dein Fuß nicht an einen Stein stößt;
[13] *du schreitest über Löwen und Nattern,*
trittst auf Löwen und Drachen.
[14] *»Weil er an mir hängt, will ich ihn retten;*
ich will ihn schützen, denn er kennt meinen Namen.
[15] *Wenn er mich anruft, dann will ich ihn erhören./*
Ich bin bei ihm in der Not,
befreie ihn und bringe ihn zu Ehren.
[16] *Ich sättige ihn mit langem Leben*
und lasse ihn schauen mein Heil.«

Sheila sagte den gesamten Psalm auf und betete für die Sicherheit ihres Mannes. Sie wußte nicht, in welcher Art von Gefahr er sich befand, aber sie fühlte tief in ihrer Seele, daß er in Schwierigkeiten war.

Sie betete und betete und betete.

Schließlich rief er um 6 Uhr abends von der Basis aus an.

»Du wirst das niemals glauben«, sagte Gordon am Telefon zu seiner Frau. »Wir waren in der Luft, als der Copilot in Panik geriet und an den Kontrollen komplett erstarrte. Es hieß, wir müßten abspringen!«

»Um welche Zeit war das?« fragte Sheila, erleichtert, die Stimme ihres Mannes zu hören, und nicht allzu überrascht, daß etwas so Dramatisches geschehen war.

»Ungefähr um elf Uhr am Vormittag«, antwortete Gordon.

Elf Uhr am Vormittag – genau die Zeit, als Sheila spürte, daß Gordon in Gefahr war.

»Plötzlich hörte ich eine Stimme den einundneunzigsten Psalm aufsagen«, fuhr Gordon fort. »Und ich öffnete die verkrampften Hände des Copiloten und landete das Flugzeug selbst. Es war gut, daß ich nicht abgesprungen bin. Einige sprangen, und einer kam dabei ums Leben, weil wir so niedrig geflogen waren.«

Gordon hatte Sheilas Gebet gehört. Er sprang nicht ab, er geriet nicht in Panik. Er spürte den göttlichen Schutz und war dadurch fähig, die Kontrollen zu übernehmen, das Flugzeug zu landen und ihrer aller Leben zu retten.

Einige Zeit später half Sheilas spirituelle Führung ihr nochmals, ihren Mann zu retten. Sheila wohnte mit dem Baby in Long Island, während Gordon in Pope Field in North Carolina stationiert war. Jeden Freitag flog Gordon nach New York, um das Wochenende mit seiner Frau und seiner Familie zu verbringen. An einem bestimmten Wochenende jedoch spürte Sheila, daß Gordon nicht nach Roosevelt Field in Long Island fliegen, sondern daß sie statt dessen nach North Carolina fahren sollte, um für das Wochenende mit ihm zusammen zu sein.

Ihre Familie versuchte es ihr auszureden.

»Es ist eine so lange Reise«, protestierten sie. »Und Du hast das Baby. Bleib hier. Er wird am Freitag herfliegen. Wo ist der Unterschied?«

Da WAR ein Unterschied. Sheila wußte nicht genau, WAS es war, aber sie wußte, daß sie an diesem Freitag Gordon nicht nach New York kommen lassen konnte. Ihr Entschluß war gefaßt, und niemand konnte sie davon abbringen. Die Reiserouten waren schwierig, und schließlich machte sie eine lange Bahnfahrt von New York nach North Carolina. Kurz nach ihrer Ankunft am Freitag war sie mit Gordon bei einer Party im Haus eines Vorgesetzten, als plötzlich ein Offizier in den Raum platzte.

»Ich bekam eine Gänsehaut, als ich ihn sah«, erinnert sich Sheila. »Ich beobachtete, wie er zu dem Oberst hinüberging und ruhig mit ihm sprach. Anschließend rief der Oberst Gordon zu sich.«

Nachdem er mit seinem Vorgesetzten gesprochen hatte, kehrte Gordon zu Sheila zurück.

»Ich muß nach New York«, sagte er. »Alle auf dem Flug nach Roosevelt Field wurden getötet.«

Als das Flugzeug in dichtem Nebel zur Landung ansetzte, streifte es einen Baum und stürzte ab.

Es war das Flugzeug, mit dem Gordon geflogen wäre.

1953 genossen Sheila und Gordon Ruhm und einen komfortablen Lebensstil in Hollywood. Mit einer wachsenden Familie (sie hatten schließlich vier Kinder) begann das Paar sich nach einem größeren Haus umzusehen. Der Makler eines Immobilienbüros nahm Sheila mit, um eine schöne Ranch anzusehen, zu der auch ein Swimmingpool, viele Walnußbäume, eine Scheune und ein Pferdestall gehörten.

»Sie gefiel mir sehr«, sagte Sheila. »Sie war perfekt für eine große Familie. Aber als ich die Treppen hinaufging, um in das Haus einzutreten, fühlte ich mich schwach. »Ich kann in diesem Haus nicht leben«, sagte ich zu dem Makler und dem Besitzer.

»Seien Sie nicht töricht«, antwortete der Besitzer. »Sie fühlen sich nur nicht gut, weil Sie schwanger sind. Kommen Sie herein, ich bringe Ihnen Milch und paar Kekse.«

Sheila wollte das Haus nicht betreten, aber sie folgte ihnen. Die Frau des Besitzers fühlte sich nicht gut und hatte sich hingelegt, erzählte er ihnen, also ging er in die Küche, um Milch und Kekse für Sheila zu holen.

»Ich wußte, daß ich aus dem Haus heraus mußte«, sagt Sheila. »Aber er wollte, daß ich bleibe. Er wollte uns nach draußen führen und uns die Pferde zeigen. Einige von ihnen waren im Verkaufspreis enthalten.

Mit einem unbehaglichen Gefühl ging Sheila auf die Küche zu.

»Ich sah eine Frühstücksecke«, erinnert sie sich. »Und dann materialisierte sich dort eine Vision. Durch einen gräulich-weißen Nebel hindurch sah ich eine Frau am Tisch sitzen und eine Zigarette rauchen. Als ich das sah, fühlte ich mich so elend, daß ich zu den beiden anderen sagte »Ich muß hier raus!«

Sheila rannte sofort aus dem Haus. Es war 5 Uhr nachmittags.

Auf dem Weg nach Hause tadelte der Makler andauernd: »Sie hätten bleiben sollen. Sie hätten sich den Rest des Hauses ansehen sollen!«

Aber Sheila war erleichtert, daß sie das Haus verlassen hatte.

Sobald sie nach Hause kam, fühlte sich Sheila besser.

»Ich kann in diesem Haus nicht leben«, sagte sie zu Gordon. Sie erzählte ihm von der Vision in der Frühstücksecke.

»Vermutlich waren es nur Schatten«, antwortete er.

Aber Sheila wußte es besser.

Um 9 Uhr abends läutete das Telefon.

»Es war der Makler aus dem Immobilienbüro«, erinnert sich Sheila. »Er rief an, um uns zu sagen, daß das große, schöne Haus, das ich an diesem Nachmittag gesehen hatte, niedergebrannt war. Die Frau war eine Alkoholikerin, und ihre Zigarette löste das Feuer aus.«

Sheilas Vision – von einer Frau, die in der Frühstücksecke eine Zigarette rauchte, umgeben von einem rauchigen Nebel – und ihre fürchterliche Angst, die sie aus dem Haus trieb, beinhalteten eine Botschaft.

»Ich SAH es, bevor es geschah.«

1966 spielte Sheila die Rolle der Alice in einer neuen Version der »*Honeymooners*«, die bei CBS bis 1970 dauern sollte.

»Jackie, eine Kollegin, stellte mich immer auf die Probe«, erinnert sie sich, »und ständig hatten wir Diskussionen über außersinnliche Wahrnehmung und über Schutzengel.«

In dem Jahr, als sie bei der Serie begann (die bereits vier Jahre lang lief), erhielt sie eine weitere spirituelle Botschaft bezüglich eines Flugzeugs; diesmal war ihr guter Freund Frank Sinatra beteiligt.

»Ich wachte um 5 Uhr morgens aus einem Traum auf«, erinnert sie sich. »Und alles, woran ich denken konnte, war, daß Frank nicht in dieses Flugzeug steigen sollte. Ich war in New York, und in Palm Springs, wo Frank Sinatra war, war es 2 Uhr morgens, aber ich dachte nur, »ich muß ihn anrufen!«

»Flieg heute nicht«, sagte sie am Telefon zu Frank.

»Dean und ich fliegen heute nach San Diego«, erzählte ihr Frank, sich auf Dean Martin beziehend.

»Flieg nicht!« flehte sie.

»Sei nicht albern«, sagte er und versuchte sie zu beruhigen, »es ist nur ein Katzensprung.«

Frank machte den Flug und rief Sheila später während des Tages an.

»Hallo, Frau Hexe«, sagte er neckend, als sie den Anruf entgegennahm. »Uns ist nichts passiert, aber bei der Landung platzte ein Reifen, und das Flugzeug ist von der Landebahn abgekommen.«

1986 starb Gordon MacRae. Obwohl er und Sheila seit einiger Zeit geschieden waren, waren sie enge Freunde geblieben, und die spirituelle Verbindung zwischen ihnen war so stark, wie sie immer gewesen war.

»In der Nacht, als Gordon starb, weinte ich mich in den Schlaf«, sagt sie. »Und als ich am Morgen aufwachte, sah ich ihn, seinen Geist, auf der anderen Seite des Bettes liegen. Er trug seinen geliebten grüngestreiften Schlafanzug. Ich schrie, sprang aus dem Bett und lief aus dem Zimmer. Das hätte ich nicht tun sollen. Als ich zurückkam, war er verschwunden.«

Wie viele, die die Geister von geliebten Verstorbenen sahen, glaubt Sheila, daß Gordons Erscheinung in ihrem Bett eine göttliche Botschaft war, um sie zu trösten und ihr zu zeigen, daß es ihm gutging und daß er im Jenseits sicher und beschützt war.

Über die Unterstützung durch Engel, die ihr, immer so stark bewußt war, hat Sheila folgendes zu sagen: »Wir hören nicht immer zu. Zuzuhören ist das schwierigste dabei.« Aber WENN man zuhört, so glaubt sie, dann wird man staunen über die Informationen, die man erhält, und mehr darüber, welche Rolle jeder spielen kann, um den Engeln beim Beschützen geliebter Menschen zu helfen.

Als Sheila um Gordons Sicherheit betete und dabei den einundneunzigsten Psalm rezitierte, tat sie unbewußt genau das, was die Engel am meisten mögen. Engel lieben Gebete und reagieren darauf. Ich vergleiche Gebete gern mit einer Ruftaste oder einem Summer, mit dem wir göttliche Hilfe herbeirufen können.

Die Engel lieben Gebete von Gruppen, wenn zwei oder mehr Menschen sich dazu versammeln, um ihre Hilfe herbeizurufen. Tatsächlich gibt es in der Bibel einige Hinweise auf dieses Phänomen, wenn »zwei oder mehr« im Namen Gottes zusammen sind.

Engel erscheinen auch traditionell in den Träumen der Menschen. So sind sie zum Beispiel Joseph erschienen, um ihn und seine Familie nach Jesu Geburt in Sicherheit zu bringen. Manchmal ziehen es die Engel vor, in Träumen zu erscheinen, weil es eine angenehme Art ist, ihre Botschaften zu übermitteln. Sheila hatte ein Erlebnis mit dieser häufigen Kommunikationsform der Engel, als sie aus ihrem Traum erwachte und wußte, daß Frank Sinatra an diesem Tag nicht fliegen sollte.

Wenn man träumt, können die Engel einen in viele verschiedene Dimensionen führen, manchmal sieht man sogar Menschen, die bereits gestorben sind. Beim Erwachen ist es möglich, die Engel um Hilfe bei der Interpretation der Träume zu bitten, und sie werden es tun.

WAS KÖNNEN DIE ENGEL
NICHT FÜR UNS TUN?

Wie ich zuvor schon ausführte, arbeiten die Engel nur als eine Kraft zum GUTEN, also werden sie nicht als rächende Armee fungieren. Sie werden auch nicht Ihr Leben vollkommen machen. Das ist Ihre Aufgabe. Sie versuchen die Menschen vor Schaden zu bewahren, doch wer nicht auf das innere Gefühl hört und ihre Warnungen oder Vorschläge ignoriert, kann in der Patsche enden! Sie können niemanden dazu zwingen, auf sie zu hören. Sie geben sich zwar alle Mühe, aber letzten Endes liegt es an jedem einzelnen!

Durch ihre Arbeit helfen sie uns auch bei unseren Lebenslektionen. Das ist der Grund, weshalb sie uns nicht einfach mit einem vollkommenen, wunderbaren und konfliktfreien Leben versorgen. Würden sie DAS tun, würden wir niemals etwas lernen! Es ist wie in der Schule. Das Wissen und die Antworten wurden nicht einfach in unsere Köpfe eingepflanzt. Wir mußten lesen, lernen, erfahren. Und oft wurden wir getestet, um unsere Fortschritte zu prüfen. Engel machen nicht die Prüfungen für uns, sondern LEHREN uns auf eine besondere Art. Sie stellen uns mehr Hilfe zur Verfügung, als wir uns erträumen.

WIE LEHREN UNS DIE ENGEL?

Sie lehren uns Gottvertrauen und Selbstvertrauen, und sie lehren uns, auf die »leise Stimme« in uns zu hören. Sie lehren uns Liebe, den Unterschied zwischen gut und böse; und sie lehren uns, das Leben in all seinen Formen zu respektieren.

Wie tun sie das?

Indem sie uns in Situationen bringen, durch die wir lernen. Diese Lektionen sind wunderbar, aber sie können manchmal auch schmerzlich sein.

Marie Marshall lebt an der Golfküste in Florida, in New Port Richey, nicht weit von Tampa. Sie schrieb mir, nachdem sie einen meiner Vorträge über Engel gehört hatte, um die folgende unglaubliche Geschichte mitzuteilen. Hier ist, was geschah, in ihren eigenen Worten.

Es begann während einer Nacht gerade vor Mitternacht. Ich las gerade ein Buch über Engel, das ich von Linda nach einem ihrer Vorträge erhalten hatte. Ich habe immer an Schutzengel geglaubt, aber ich hatte bisher noch niemals eine derartig deutliche und unmißverständliche Botschaft erhalten, daß die Engel an der Arbeit sind.

Nachdem er beinahe alles durch den Orkan Andrew in Südflorida verloren hatte, war mein Sohn vorübergehend zu mir und meinem Mann gezogen. Da wir seine Möbel in unserer Garage gelagert hatten, mußten wir unseren brandneuen Lieferwagen in der Auffahrt parken. Etwas vor Mitternacht hatte ich geduscht und mich ins Bett zurückgezogen. Ich entschloß mich, das neue Buch über Engel mitzunehmen und in ihm zu lesen. Ich konnte damit nicht bis zum nächsten Tag warten. Ich hatte meinem Sohn und meinem Mann früher am Abend von dem Buch erzählt, und ich erinnere mich daran, daß sie mich beide mit diesem »Wenn es ihr Spaß macht«-Blick angesehen hatten und dann ihren eigenen Geschäften nachgegangen waren.

Um Mitternacht, während ich las, war mein Sohn bereits im Gästezimmer zu Bett gegangen und mein Mann duschte. Ich war auf Seite fünfundzwanzig und vollkommen mit dem Buch beschäftigt. Ich erinnere mich, daß ich mich sehr friedlich fühlte und ganz weit weg.

Plötzlich gab es einen markerschütternden Krach, und das ganze Haus bebte. Es hörte sich an, als hätte unser Haus bei einem Bombenangriff einen direkten Einschlag erhalten! Im Nu war ich auf und aus dem Bett gesprungen und lief zur Vordertür, wo ich mit meinem Sohn zusammentraf, der bereits auf dem Weg hinaus war. Mein Mann war noch unter der Dusche und bekam von allem gar nichts mit.

Gemeinsam gingen mein Sohn und ich in den Vorgarten hinaus. Wir konnten kaum glauben, was wir sahen. Obwohl wir rundum keine Menschenseele sahen, sah die Gegend vor unserem Haus und vor den drei Häusern bis zur nächsten Straßenecke aus, als hätte hier ein Krieg stattgefunden.

Anscheinend war ein Auto um die Ecke in unsere Straße eingebogen, hatte die Kontrolle verloren, war von der Straße abgekommen und war durch die Vorgärten der ersten drei Häuser rechts von uns gepflügt, wobei es Postkästen und einige Stauden und Büsche mitnahm, zwei einzementierte elektrische Kraftverteiler und einen kleinen Baum niedermähte und eine Menge Schmutz und Gras aufwühlte. Die Reifenspuren des Autos führten über die Einfahrt des Hauses rechts von uns und direkt auf den neuen Lieferwagen in unserer Einfahrt zu.

Es hatte früher am Abend geregnet, so daß wir die deutlichen Spuren von Schlamm und Schmutz sehen konnten, die das außer Kontrolle geratene Auto hinterlassen hatte. Sie führten geradewegs zur Begrenzung unseres Grundstückes, wo die Spuren auf mysteriöse Weise aufhörten. Die Frontseite der Grundstücke vor jedem Haus war jeweils 10 m breit. Das Auto mußte ziemlich schnell gefahren sein, um so weit zu kommen, besonders nachdem es die Elektrizitätskästen niedergemäht hatte!

Inzwischen hatte sich mein Mann meinem Sohn und mir angeschlossen. Die Nachbarn kamen langsam heraus, und ich erinnere mich, daß wir alle ungläubig auf die Spuren blickten, die abrupt geradewegs an der Grenzlinie unseres Grundstücks endeten, wo das Auto gerade noch etwa 60 m von der Tür unseres neuen Lieferwagens entfernt gewesen war.

Wir konnten sehen, daß das Auto zurückgestoßen und rechts an unserem Lastwagen vorbeigefahren war, um auf die Straße zurückzukommen. Nach diesen Spuren hätte das Auto auf dem Weg zurück auf die Straße den hinteren Stoßdämpfer unseres Lastwagens treffen müssen, hatte es jedoch nicht getan. Die letzten 2 m der Reifenspuren waren sehr seltsam. Die Spuren waren, im Verhältnis zum Gewicht des Autos, kaum sichtbar, so daß es schien, als hätte es kaum den Boden berührt. Es sah aus, als hätte etwas das Auto hochgehoben und gehalten oder es in seiner Spur angehalten.

Das Auto und der Fahrer waren nirgendwo zu sehen. Ich stand völlig ungläubig da, während das Geschehene langsam in mein Bewußtsein einsickerte. Schließlich wandte ich mich an meinen Sohn und meinen Mann und fragte: »Glaubt ihr NUN an Engel?«

Am nächsten Tag, als die Elektrizitätsgesellschaft die elektrischen Kästen austauschte, ging ich hinaus und fotografierte die Spuren, die noch genauso sichtbar waren wie in der Nacht zuvor. Noch etwas Seltsames: Die anderen drei Häuser waren für diese Nacht und den nächsten Tag ohne Strom, bis die Reparaturen durchgeführt worden waren. Unser Haus war davon aber nicht betroffen.

Seit dieser Nacht kommuniziere ich aktiver mit den

Engeln. Bei beinahe allem bitte ich die Engel um Führung. Es ist, als ob man einen besonderen Freund die ganze Zeit über bei sich hat.

Ich habe gelernt, daß es für alles einen Engel gibt. Man kann sich ihrer wie der Gelben Seiten im Telefonbuch bedienen. Wenn ich nähe, ersuche ich zum Beispiel einen »Designer-Engel«, mir zu helfen. Ich liebe meine Engel, und ich habe sie schon bei mancher wichtigen Arbeit beobachtet.

Vor kurzem kam mein Mann eines Tages nach Hause und erzählte, daß er bei einem Nachbarn geholfen und dabei Schwierigkeiten gehabt habe. Dann erinnerte er sich daran, was ich über die Engel gesagt hatte, und bat sie um Hilfe. Zu seiner Überraschung war das Problem beinahe sofort gelöst.

Mein Sohn ersuchte die Engel um Hilfe, als er seinen Umzug von unserem Haus nach Georgia plante. Bereits am ersten Tag nach seiner Ankunft in Georgia fand er einen guten Job und schaffte es, ein Haus zu kaufen, obwohl er absolut kein Geld für eine Anzahlung hatte. Muß ich mehr sagen? Die zwei Skeptiker sind inzwischen überzeugte Anhänger der »Engelkraft« geworden und würden nicht im Traum daran denken, ohne sie auszukommen.

Nicht nur der Sohn der Marshalls, sondern auch viele andere erlitten durch den Hurrikan Andrew Schäden und Zerstörungen.

Ich befand mich außerhalb der Stadt, als sich der Orkan näherte und zuschlug. Ich machte mir Sorgen wegen des großen Olivenbaumes in meinem Garten und betete zu den Engeln. Ich ersuchte sie, den Baum zu leiten, falls er durch den starken Wind gefällt würde. Ich wußte, daß es nur eine einzige Stelle gab, wohin er fallen könnte, ohne mein Haus oder das der Nachbarn zu treffen. Ich betete, daß die Engel den fallenden Baum so lenken würden, daß er auf diesen einen sicheren Platz fallen würde.

Ich kehrte nach Hause zurück, nachdem der Orkan vorüber war, und tatsächlich war der Olivenbaum umgestürzt. Und er war genau in die Richtung gefallen, um die ich gebeten hatte!

Am 1. Mai 1979 war Kathy, damals zweiunddreißig, gerade mit ihren drei kleinen Kindern beim Kuchenbacken, als das Telefon läutete.

»Es war mein Mann, Jason«, erinnert sie sich. »Er war in den Wald gegangen, um Holz für unseren Kamin zu machen, und die Kette an seiner Kettensäge war gebrochen. Er hatte keine Ersatzkette dabei, und so war er zu einem Haus in der Nähe gegangen und hatte mich angerufen, damit ich ihm eine Reservekette bringe.«

Kathy nahm ihren Sohn Alan, damals neun, und stieg mit ihm in den Jeep.

»Die Straße auf den Berg hinauf, wo wir damals im Norden des Staates New York lebten, war sehr kurvig und gefährlich«, erinnert sie sich. »Wir kamen um eine Kurve, und ich erinnere mich, daß ich recht langsam, nur achtundvierzig Meilen, und sehr vorsichtig fuhr. Plötzlich begann das Steuerrad sich um und um zu drehen. Etwas an der Mechanik muß wohl gebrochen sein.«

Kathy versuchte vergeblich, das Auto unter Kontrolle zu bringen. Die Steuerung funktionierte nicht mehr.

»Das nächste, woran ich mich erinnere«, fährt sie fort, »war, daß ich im Krankenhaus aufwachte. Ich erfuhr, daß sich der Jeep dreimal überschlagen hatte. Alan wurde aus dem Jeep hinausgeschleudert. Ich wurde quer über die Straße in ein Feld geschleudert. Jemand hatte angehalten, weil Alan in der Mitte der Straße im Kreis herumlief. Er war in einem Schockzustand.«

Er wußte nicht, wo seine Mutter war. Erst als das Rettungsfahrzeug kam, fand man sie bewußtlos im Feld. »Ich erwachte in der Notaufnahme mit einem gebrochenen Halswirbel, einer gebrochenen Schulter und angebrochenen Vorderzähnen. Alan mußte genäht werden, wo er sich beim Aufprall auf das Pflaster verletzt hatte, aber ansonsten war er in Ordnung.«

Bei diesem schweren Unfall »war jedermann überrascht, daß wir noch am Leben waren«, sagt sie. »Wenn man auf diese Weise hinausgeschleudert wird, überlebt man das normalerweise nicht.«

Kathy glaubt daran, daß ganz sicher jemand oder etwas an diesem Tag über sie wachte und sie beschützte.

Weshalb starb sie nicht?

»Es war noch nicht an der Zeit für mich«, glaubt sie. »Jemand mußte die Kinder aufziehen. Mein Mann hätte es nicht alleine tun können.«

Weshalb hatte sie dann den Unfall?

»Es war wie ein Wecksignal, ein Tritt in den Hintern«, sagt sie. »Nachdem ich an diesem Tag im Krankenhaus aufgewacht war, war ich nicht mehr derselbe Mensch wie vorher und fühlte nicht mehr wie vorher. Kurz nach dem Unfall tat ich, was ich schon lange hätte tun sollen. Ich beendete meine Ehe, die nie funktioniert hatte.

Kathy zog in den Süden und arbeitet nun im Immobiliengeschäft. Sie traf einen wunderbaren Mann, mit dem sie die letzten acht Jahre zusammen war. Ihre drei Kinder sind erwachsen, und im Frühling 1993 wurde sie Großmutter.

Sie fühlt immer noch die Gegenwart ihrer Schutzengel.

Kathy ist nur eine von Millionen Menschen, die jeden Tag knapp dem Tod entgehen. Während der letzten zwanzig Jahre hörte ich Hunderte von solchen Geschichten und erlebte selbst einige, manche davon wie Kathy hinter dem Steuerrad.

Die Engel leiteten zum Beispiel meine Hände, als ich mich einmal mit dem Auto verirrt hatte. Sie bewegten für mich das Steuerrad nach links und nach rechts, um mich sicher dorthin zu bekommen, wo ich mitten in der Nacht hinkommen sollte. Ich fühlte ihre Wärme, während meine Hände auf dem Steuerrad lagen.

Bei einem anderen Erlebnis vor zehn Jahren veranlaßten mich die Engel, meinen Fuß auf der Bremse zu behalten, als ich an einer Ampel anhielt. Ich versuchte meinen Fuß auf das Gaspedal hinüberzubewegen, als die Ampel auf Grün schaltete, aber mein Fuß wollte sich einfach nicht bewegen. Ich wußte nicht, was los war: War mein Bein plötzlich gelähmt? Mit meinem Fuß auf der Bremse beobachtete ich, wie ein von rechts kommendes Auto trotz Rotlichts geradewegs vor mir über die Straße raste. Wäre ich fähig gewesen, meinen Fuß zu bewegen, wäre dieses Auto breitseitig in mich hineingefahren. Sobald das Auto vorüber war, hörte ich eine Stimme sagen: »Nun kannst Du fahren.« Und damit verließ mein Fuß die Bremse und bewegte sich auf das Gaspedal!

Bei einer anderen Gelegenheit intervenierten die Engel noch einmal. Ich fuhr die Autobahn entlang, als ein Reifen genau auf mich zuraste und dann mysteriöserweise irgendwie abgelenkt wurde. Er hätte mein Auto treffen müssen, aber er verschwand einfach. Die Engel hatten mich wieder einmal beschützt.

Was bedeutet freier Wille?

Wir alle haben einen freien Willen. Wir können eine Wahl treffen, und wir tun es. Wir können uns zum Beispiel entscheiden, NICHT um Hilfe zu bitten oder sie nicht anzunehmen, wenn sie gegeben wird. Und wir können die Botschaften der Engel ignorieren. Wir haben viele Möglichkeiten, die Dinge in unsere eigenen Hände zu nehmen.

Wir besitzen also den freien Willen, um Hilfe zu ersuchen, sie zu akzeptieren und den intuitiven Gefühlen zu folgen, über die die Engel aus ihre Botschaften vermitteln.

Laura Caster war 1973 noch an der Highschool – und litt an einem gebrochenen Herzen.

»Ich war den größten Teil dieses Sommers weggewesen, bei einem besonderen Universitätsprogramm für angehende Studenten, und als ich nach Hause kam, sagte mir mein Freund, daß er jemanden anderen gefunden habe«, erinnert sie sich. »Er war meine erste Liebe, und er hatte mich verlassen.«

Laura war am Boden zerstört.

»Ich saß in meinem Bett und weinte die ganze Nacht, bat wieder und wieder um Hilfe, um ihn zurückzubekommen«, sagt sie.

Spät in der Nacht, als sie in Tränen aufgelöst dasaß,

hörte sie eine Stimme, eine sanfte, besänftigende, beinahe väterliche Stimme.

»In Ordnung, mein Kind«, sagte die Stimme.

Als Laura das hörte, beruhigte sie sich und schlief ein.

Am nächsten Morgen läutete das Telefon.

»Ich habe einen fürchterlichen Fehler gemacht«, sagte Lauras Freund am Telefon. »Ich bin diesen Morgen aufgewacht und habe Dich fürchterlich vermißt. Ich möchte Dich sehen.«

Laura konnte es kam glauben. Ihre Teenager-Gebete waren erhört worden.

»Wir kamen wieder zusammen«, erinnert sich Laura. »Es hat nicht lange gedauert, aber zumindest hatten wir diese zweite Chance.«

Laura erinnert sich, daß sie sich bei der endgültigen Trennung bei weitem nicht so schlecht fühlte wie beim ersten Mal, und sie erinnert sich mit Zuneigung an ihn.

Laura war damals sechzehn, und er achtzehn. Als Laura diese Geschichte erzählte, waren zwanzig Jahre vergangen. Sie war auf die Universität gegangen und hatte einen Mann geheiratet, den sie dort traf, hatte zwei Töchter mit ihm und ist nun geschieden und lebt nördlich von New York.

Was wurde aus ihrer ersten Liebe?

»Er heiratete die Frau, wegen der er mich das erstemal verlassen hatte«, sagt Laura ohne eine Spur von Verbitterung. »Ich weiß, daß uns ein Eingriff von oben eine zweite Chance gab, aber ich nehme an, daß sie einfach füreinander bestimmt waren.«

Laura hat immer spirituelle Unterstützung um sich herum gefühlt, und sie erzählt die folgende Geschichte, um zu zeigen, was geschehen kann, wenn man der inneren Stimme, der Stimme der Engel, nicht folgt oder davon abgehalten wird.

Nach der Universität, als ich verheiratet war, lebten mein Mann und ich auf dem Land in einem Haus, das sich nur eine Straße oberhalb seines Elternhauses befand. Wir hatten eine sieben Monate alte schwarz-braune Dobermann-Hündin mit Namen Spooky. Weil wir auf dem Land lebten, war sie nicht angekettet und durfte überall frei herumlaufen.

Eines Tages kletterten unsere drei Katzen aus dem Fenster hinaus und auf das Dach hoch.

»Wir müssen sie herunterholen«, sagte ich zu meinem Mann.

Wir gingen den Weg zu seinem Elternhaus hinunter, um eine Leiter zu holen. Spooky begrüßte uns auf dem Grundstück meiner Schwiegereltern. Als wir hatten, was wir brauchten, gingen wir durch das Tor, und Spooky begann uns nachzulaufen.

»Ich denke, Du solltest sie hierlassen«, sagte ich, Gefahr für sie fühlend. Ich spürte, daß Spooky nicht draußen herumlaufen sollte, während wir auf dem Dach waren.

»Nein, sie kann mitkommen«, sagte mein Mann.

»Ich finde wirklich, daß wir sie hierlassen sollten«, sagte ich nochmals.

Er winkte ab, so als ob er sagen wollte, daß alles in Ordnung wäre, und ließ den Hund mit uns zurück zum Haus kommen.

Während wir mit den Katzen auf dem Dach waren, wurde Spooky von einem Auto angefahren. Ich habe es mir niemals verziehen, daß ich mich von meinem Mann überreden ließ, den Hund hinauszulassen. Das Auto tötete sie nicht, aber sie war für den Rest ihres Lebens verkrüppelt. Sie starb nach sechs Monaten, weil ihr Bein nicht heilte.

Wie Laura kennen wir alle diese Hinweise, daß wir dieses oder jenes tun sollten (oder dieses oder jenes nicht tun sollten!), und wenn wir nicht darauf hörten oder davon abgehalten wurden, dieser Führung zu folgen, sind die Konsequenzen unerfreulich.

Einmal fuhr ich hinter dem Auto einer Freundin her, und obwohl ich die Botschaft hörte: »Fahre langsamer! Du wirst einen Unfall haben!« fuhr ich mit voller Geschwindigkeit weiter. Ich hätte es besser wissen sollen. Das Auto meiner Freundin verringerte plötzlich seine Geschwindigkeit, und ich folgte ihm zu dicht, so daß ich auf sie auffuhr. Hätte ich rechtzeitig die Geschwindigkeit verringert, hätte ich später genügend Zeit gehabt, um einen sicheren Abstand hinter ihr zu wahren.

WAS IST UNSERE VERANTWORTUNG?

Solange wir Kinder sind, versorgen uns unsere Eltern mit einem Heim, mit Kleidung, mit Nahrung. Wir sind nicht dafür verantwortlich, Miete oder eine Hypothek zu zahlen, und wir müssen nicht arbeiten, um kaufen zu können, was wir brauchen. Wir müssen keine Kleidung oder Lebensmittel einkaufen. Wir müssen kein Abendessen kochen.

Während dieses frühen Stadiums in unserem Leben besitzen wir wenig Verantwortung. Aber bestimmte Verantwortlichkeiten hatten wir doch. Wir waren dafür verantwortlich, zur Schule zu gehen und unsere Hausaufgaben zu machen. Als wir etwa zwei Jahre alt waren, waren wir dafür verantwortlich, sauber zu werden. Als wir drei Jahre alt waren, nahmen wir mehr Verantwortlichkeit auf uns, wenn wir lernten, unser Spielzeug mit anderen zu teilen und es nach dem Spielen fortzuräumen.

Je größer wir wurden, desto mehr Verantwortung nahmen wir auf uns.

Als Erwachsene sind wir mit Verantwortungen geradezu überhäuft. Das ändert sich auch nicht, nur weil wir uns der Unterstützung durch die Engel bewußter sind. Was sich jedoch verändern kann ist unsere HALTUNG gegenüber unserer Verantwortung. Wir brauchen uns weniger Sorgen zu machen, wenn wir erkennen, daß, nachdem wir alles Menschenmögliche getan haben, der Rest in den Händen des Universums liegt. Vielleicht machen wir uns wegen der großen und der kleinen Dinge nicht mehr so viele Sorgen, wenn wir verstehen, daß wir NICHT alleine sind, daß Hilfe und Führung immer für uns verfügbar sind, daß wir manchmal nicht einmal darum bitten müssen.

Ron Renneberg sagt, daß er einst das Leben seines Sohnes rettete, weil er zu Hause blieb statt fischen zu gehen. »Etwas riet mir, zu Hause zu bleiben«, sagt er heute, etwa zwanzig Jahre, nachdem sich dieser Zwischenfall ereignete, während er und seine Familie noch in Connecticut lebten.

Ron, ein Polizist der zweiten Generation, war daran gewöhnt, der kleinen inneren Stimme zu folgen. Also lehnte er den Ausflug zum Fischen ab und ließ sich mit der Sonntagszeitung auf der Couch nieder.

Seine Frau war in der Küche und schnitt Kartoffeln, während sie telefonierte, ihr fünfjähriger Sohn war bei ihr, spielte und kaute an einem kleinen Stück Kartoffel, das sie ihm gegeben hatte. Es war eine freundliche familiäre Szene, so lange bis Rons Frau in der Küche schrecklich zu schreien begann.

Ron rannte in die Küche und fand sie mit ihrem Sohn in den Armen.

»Er war bereits blau angelaufen«, erinnert sich Ron. »Er war dabei, an der Kartoffel zu ersticken.«

Ron griff nach seinem Sohn.

»Ruf Neun-Eins-Neun!« schrie er seiner Frau zu.

Sie wählte die Nummer, während Ron das Kind mit dem Kopf nach unten drehte.

»Das war vor der Heimlich-Methode«, erinnert sich Ron. »Also schlug ich ihm auf den Rücken. Das war alles, was wir in jenen Tagen wußten. Aber schließlich kam das Stück Kartoffel heraus.«

Der kleine Junge wurde ins Krankenhaus gebracht und erholte sich rasch und vollständig.

»Ich weiß, daß wir einen Schutzengel haben«, sagt Ron nun, »denn wenn ich zum Fischen gegangen wäre, wäre mein Sohn heute vielleicht nicht mehr am Leben.«

Ich gebe stets den Rat, bei einer Entscheidung zu bleiben, die man aufgrund einer inneren Stimme getroffen hat. Man sollte dieser Stimme folgen, ohne sie in Frage zu stellen, auch wenn man in dem Moment nicht versteht, weshalb man es tut. Wie wir sahen, wurde es später klar, daß Ron an diesem Sonntag zu Hause gebraucht wurde, und nicht beim Fischen.

Wir können nicht wissen, was mit Rons Sohn geschehen wäre, wäre Ron nicht gewesen.

Genausowenig können wir wissen, was geschieht, wenn wir unserer inneren Führung nicht folgen.

WIE KÖNNEN WIR WISSEN, DASS EIN GEFÜHL EINE BOTSCHAFT DER ENGEL IST?

Das ist nicht leicht zu beantworten. Ich würde sagen, daß wir es einfach WISSEN. Frage irgendeinen Menschen, der für Hilfe offen ist (und dabei meine ich, daß er sich immer seiner Gefühle aus dem Bauch heraus, seiner Intuition und seiner Instinkte bewußt ist und ihnen die meiste Zeit über folgt), und er wird Dir sagen, daß er es einfach nur FÜHLT. Die meisten von uns sind nicht daran gewöhnt, diese Gefühle »Botschaften der Engel« zu nennen, aber sobald man sie auf diese Weise betrachtet, wird man den Unterschied meistens erkennen können.

Zufälle dagegen sind ziemlich einleuchtend. Ich glaube, daß Zufälle, Synchronizitäten und Glücksfälle von Gott, dem Universum und den Engeln dirigiert werden. Wann immer etwas derartiges geschieht, lächle ich, weil ich weiß, daß die Engel am Werk sind.

Oft ist es eine Frage der Beurteilung und erfordert etwas Übung durch Versuch und Irrtum. Wenn man bewußt darauf achtet, kann man erkennen, ob es sich um Hilfe durch die Engel handelte, oder ob es einfach nur irgendein Gefühl war. Hilfe durch die Engel muß nicht immer etwas sein, dessen wir uns sofort bewußt sind. Es kann Minuten, Stunden, Tage, Wochen, Monate oder sogar Jahre dauern, bevor wir die Wirkungen oder Muster erkennen. Aber in den meisten Fällen können wir es ziemlich rasch deuten.

»Ich habe so ein WISSEN, und dann geschieht es«, sagt der einundvierzigjährige New Yorker Restaurateur Bill Lirio. »Ich lächle dann und fühle mich gut dabei.«

Das war so, solange er sich zurückerinnern kann. 1992 kam Bills innere Führung ihm zweimal besonders zugute. Zum ersten Mal, als er ein anderes Flugzeug als ursprünglich geplant nahm, und dadurch nicht in dem Flugzeug saß, das in New York abstürzte. »Ich WUßTE einfach, daß ich nicht in dieses Flugzeug steigen sollte«, sagt er ruhig und fühlt dabei den Schutz, der ihn stets umgibt. »Dann ist unglaublicherweise etwas Ähnliches nur einige Monate später wieder passiert.«

Bill und seine Freundin beschlossen, vier Tage in Aspen in Colorado zu verbringen. Es war Juni, also wollten sie ihren ersten Besuch dieses beliebten Reisezieles mit Besichtigungen und nicht mit Skifahren verbringen.

Eines Morgens hatten sie die Idee, die Berge zu erobern. Es gab zwei Möglichkeiten: entweder einen Teil des Weges hinaufzufahren und den Rest zum Gipfel eine Gondel zu nehmen, oder auf einen anderen Gipfel hinauf- und mit dem Fahrrad hinunterzufahren.

Ein Gefühl sagte Bill, sich für die Radtour zu entscheiden.

»Ich war niemals zuvor auf so hohen Bergen gewesen«, erinnert er sich. »Als wir den Berg hinauffuhren, erklärte uns der junge Reiseleiter, der den Kraftwagen fuhr, daß Lawinenabgänge der Grund für all die umgestürzten Bäume waren, die wir rundherum sahen.«

»Wir haben sie jedes Jahr«, sagte der Reiseleiter. »Aber keine Sorge, zu dieser Jahreszeit gibt es keine Lawinen.«

Bill war erleichtert, das zu hören, aber Stunden später, als er und seine Freundin nach einer belebenden Radfahrt den Berg hinunter gegen sechs Uhr abends in ihr Hotel zurückkehrten und erfuhren, daß sie tatsächlich die richtige Wahl getroffen hatten, war er noch weitaus erleichterter.

»Wir erfuhren, daß während unserer Radtour eine zu dieser Jahreszeit seltene Lawine die Menschen traf, die bei der ANDEREN Tour die Gondel verließen«, erinnert er sich. »Zwei Menschen wurden getötet und mehr als ein Dutzend verletzt.«

Wieder erinnerte sich Bill daran, was er bei einem Treffen mit einer spirituellen Bekannten an die fünfzehn Jahre zuvor gehört hatte. »Sie warf einen Blick auf mich und sagte, daß ich auf jeder Seite vier Engel hätte.«

Was für ein Glück, daß Bill göttlicher Führung folgt und die Kraft der Engel für sich arbeiten läßt! Bill hatte bereits die Tickets für jenes Flugzeug, das dann abstürzte. Sogar mit den Tickets in der Hand WUßTE er, daß er seinen Flug ändern sollte, und er tat es.

Als er die Entscheidung über die Besichtigungstour in Aspen traf, folgte er den gleichen Instinkten.

SIND INTUITIONEN UND HIMMLISCHE BOTSCHAFTEN DASSELBE?

Für mich ja. Und auch für viele andere Menschen. Sogar jene mit einer sehr intensiven Intuition, die als übersinnliche Fähigkeit bezeichnet werden kann, glauben, daß sie ein GESCHENK und als solches Hilfe durch die Engel ist.

»Jeder hat seine eigene Art von Himmel«, erzählten die Engel Andrea, die sagt »Meine Großmutter liebte Blumen, also ist ihr Himmel ein wunderschöner Garten.«

Andrea ist ein bemerkenswertes zwölfjähriges Mädchen, das mit ihrer Mutter, einer früheren Stewardeß, und ihrem Vater, einem Geschäftsmann, in einer Stadt im mittleren Westen lebt. Sie ist das vierte von fünf Kindern, eine hervorragende Schülerin, sie hat viele Freunde und sie spricht mit den Engeln.

Andrea hatte eine sichere und behütete Kindheit und

sie war eigentlich nicht viel anders als viele aufgeweckte, wißbegierige kleine Mädchen, abgesehen von einigen wenigen mystischen Momenten hier und dort, bei denen sie aus heiterem Himmel heraus einige außerordentliche Fähigkeiten aufwies.

»Als sie drei war«, sagt ihre Mutter, »begann sie eines Tages einfach von einem anderen Leben zu erzählen, das sie führte, bevor sie geboren wurde. Es kam uns ein wenig seltsam vor, aber wir hörten einfach zu, und für sie schien es vollkommen natürlich zu sein.«

Nicht lange danach bemerkte ihre Mutter, daß sich Andreas Intuition stärker zu entwickeln begann.

»Sie WUßTE einfach bestimmte Dinge«, sagt sie.

Keine dieser Erinnerungen oder Fähigkeiten spielte in Andreas Leben eine große Rolle, und weder sie noch ihre Familie machten etwas Besonderes daraus oder gingen dem allem nach. Sie ermunterten sie nicht und entmutigten sie nicht.

Aber nach dem März 1993 wurde es unmöglich, Andrea als ein gewöhnliches kleines Mädchen zu sehen.

»Sie machte sich für die Schule fertig und rief nach mir«, erinnert sich ihre Mutter.

»Mo Mo möchte wissen, weshalb Du ihr niemals von Deinen Problemen erzählt hast«, fragte Andrea ihre Mutter. Ihre Mutter war überwältigt. Mo Mo war Andreas Großmutter, die kürzlich gestorben war.

»Ich wollte sie nicht aufregen«, antwortete Andreas Mutter. »Aber was meinst Du damit, ›Mo Mo möchte es wissen‹?«

159

Was Andrea ihrer Mutter erzählte, war einfach erstaunlich.

»Sie war hier, saß auf meinem Bett und bat mich, Dich zu fragen«, sagte Andrea sehr schlicht.

»Es stimmte, daß ich meiner Mutter kleine Dinge vorenthielt, von denen ich ihr normalerweise erzählt hätte«, sagt Andreas Mutter. »Aber sie war so krank. Lange bevor sie starb, vereinbarten wir, daß wer immer von uns zuerst starb, versuchen würde, mit dem anderen vom Jenseits her Kontakt aufzunehmen, aber wir erzählten niemals jemandem davon. Als sie starb, fragte ich mich, ob ich Zeichen sehen oder ihre Gegenwart fühlen würde. Sie kam durch Andrea, weil Andrea wohl einer jener begabten Menschen mit einer empfänglichen Seele ist.«

Andrea war nicht erschrocken darüber, daß der Geist ihrer Großmutter sie besuchen kam.

»Es war ziemlich natürlich«, sagt Andrea. »Es regte mich überhaupt nicht auf.«

Das einzige an ihrem Talent, das Andrea aufregt, ist, daß sie Angst hat, die Menschen könnten denken, daß SIE glaubt, etwas Besonderes oder Besseres als die anderen zu sein. Dabei ist sie überhaupt nicht eingebildet wegen ihrer Fähigkeiten, sagt ihre Mutter.

»Aber so sind Kinder in diesem Alter eben«, sagt Andreas Mutter. »Sie machen sich große Sorgen darüber, wie die Menschen sie sehen.«

Sobald Andreas Großmutter »durchgekommen« war, öffneten sich die Schleusen, und andere verstorbene Seelen nahmen mit Andrea Verbindung auf. Sie channelte sie nicht, sie war sich nur einfach ihrer Gegenwart bewußt und konnte im Geist mit ihnen kommunizieren, nicht anders, als wir still mit uns selbst sprechen, nur daß Andrea Antworten erhielt. Viele Antworten. Ihre Familie prüfte sie, und Andrea bestand mit glänzendem Erfolg. Sie erhielt Informationen, die sie auf keine andere Weise hätte wissen können.

Nicht lange nach dem ersten »Besuch« ihrer Großmutter zeigte sich bei Andrea auch die Fähigkeit, direkt mit ihren Schutzengeln und denen von jedermann sonst, der darum ersuchte, zu kommunizieren. Informationen strömten herein, aber die Engel erinnerten Andrea ausdrücklich daran, daß es vieles gibt, das wir während unseres Lebens hier nicht wissen sollen.

»Ich konnte jede Frage stellen, die ich wollte, und die Engel antworteten«, sagt Andrea, als ob sie beiläufig eine Schulstunde diskutierte. »Und sie geben auch von sich aus Informationen.«

Andrea und ihre Familie hielten private Zusammenkünfte mit den Engeln ab, wobei nur die Familie anwesend war.

»Zuerst konnten wir nicht glauben, daß uns etwas derartiges geschehen sollte«, sagt Andreas Mutter. »Ich meine, wir sind wirklich nur eine Durchschnittsfamilie. Wir sind Presbyterianer, aber nicht besonders religiös. Wir gehen nicht in die Kirche. Aber wir glauben an Gott und haben unsere Kinder im Glauben erzogen.«

Unter anderem erzählten die Engel Andrea über den Himmel.

»Der Himmel entspricht der Vorstellung jedes einzelnen vom Himmel, und man bleibt so lange in der ersten Ebene des Himmels, bis man wiedergeboren wird. Die zweite Ebene des Himmels ist jene, in die man geht, wenn man nicht wiedergeboren werden soll. Es ist die Ebene der Unendlichkeit«, erzählt Andrea was ihr die Engel erklärten. »Es gibt überall Geister, Geister von Verstorbenen. Aber sie dürfen nicht mit den Engeln verwechselt werden. Engel waren niemals sterblich. Unsere Schutzengel sind von Gott besonders ausgewählt, um unsere Führer und Lehrer zu sein.«

»Die Engel und Geister sind an Andrea interessiert«, sagt ihre Mutter. »Sie sagen, sie wurde erwählt, um Informationen weiterzuleiten, so daß sie Menschen helfen kann.«

Sie macht das sehr ruhig und privat. Dies ist das erste Mal, daß Andrea und ihre Mutter öffentlich über Andreas Talent sprechen. Und sie baten darum, daß nur Andreas Vorname verwendet wird.

»Wir möchten sie nicht ausbeuten«, sagt ihre Mutter. »Und Andrea möchte ihr Talent mit Würde handhaben.«

Was ist das wichtigste, das sie von den Engeln lernte?

»Man muß ihnen gegenüber offen sein, sonst können sie nicht wirklich helfen«, sagt Andrea. »Wenn wir unsere innersten Gefühle oder unsere Instinkte ignorieren oder blockieren, ist das genau das gleiche, als ob wir die Engel von uns abhalten, weil wir durch diese Gedanken und Gefühle Botschaften von ihnen erhalten.«

Die Engel genießen es, uns mit Informationen zu versorgen. Sie geben uns, was wir über die Vergangenheit, die Gegenwart und sogar die Zukunft wissen sollen, wie wir in Andreas Geschichte sehen. Und sie lieben es auch, als unsere Empfangsdamen zu agieren, für uns Kontakte mit Menschen, anderen Engeln und Geistern herzustellen.

DIE GABE DER UNTERSCHEIDUNG

Entweder ist man mit ihr geboren oder man arbeitet daran, sie zu entwickeln. Wenn man sie entwickelt, wird man schließlich fähig, den Unterschied zwischen Wunschdenken und Vorstellungen einerseits und Intuition und Hilfe durch die Engel andererseits zu erkennen.

Vertraue Deinen Gefühlen, handele danach, und Du wirst WISSEN. Du wirst die Wahrheit kennen. Natürlich ist niemand die ganze Zeit über hundertprozentig sicher. Manchmal gibt es überraschende Kurven am Weg! Es ist, als ob man sich auf einer Berg-und-Tal-Bahn befindet und sich festhält. Manchmal möchte Gott uns überraschen!

Wenn ich nicht sicher bin, ob ein Gefühl eine Botschaft der Engel ist, frage ich tatsächlich: »Was ist es?«

INTUITION

Intuition ist die göttliche Kraft in uns, die Kraft, die von Gott über einen Engel, Geist, Heiligen oder direkt zu uns kommt.

SYNCHRONIZITÄT

Die Engel beim Spiel, beim Dirigieren unseres Leben – so sehe ich Zufälle oder ihre intensivere Variation, die Synchronizität.

AUFGABEN

Wir müssen Gott für unsere Probleme dankbar sein, so daß Er uns zeigen kann, was wir zu lernen haben. Dann können wir durch sie hindurchgehen, lernen und weitergehen!

MEDITATION UND ZUHÖREN

Das sind direkte intuitive, transzendente Lernprozesse. Wir klären unseren Geist, öffnen ihn und HÖREN dann auf das, was zu uns kommt.

Muss man einem Glauben oder einer organisierten Religion angehören, um an Engel zu glauben oder ihre Unterstützung zu erhalten?

Nein, man braucht KEINE Mitgliedschaft bei irgendeiner organisierten (oder nicht organisierten) Religion, um an göttliche Hilfe zu glauben und von ihr zu profitieren.

Menschen aller Kulturen haben Anteil an dem Tanz des Universums, des Göttlichen. Der Glaube der Indianer konzentriert sich auf die Natur. Christen glauben daran, daß Jesus der Messias ist, Juden glauben an dasselbe Prinzip des Einen Gottes, aber warten noch auf einen Messias, die östlichen Glaubenssysteme besitzen ihren eigenen besonderen Glauben, und die Liste wäre fortzusetzen. Aber jeder Religion und jedem Glauben gemeinsam ist ein Glaube an göttliche Führung und Schutz.

Man kann eine Verbindung mit dem Göttlichen fühlen auch OHNE Christentum, Judentum, Buddhismus oder irgendeine andere Religion zu praktizieren. Man kann an eine Kraft glauben, die sich Gott nennt, oder an eine universelle Kraft, die einen anderen Namen hat oder überhaupt keine Bezeichnungen.

Man kann auch ein gigantisches Fragezeichen im Kopf haben, und unsicher sein, ob man überhaupt an eine sogenannte göttliche Kraft glaubt,

Alles was nötig ist, um mit dem Göttlichen im Einklag zu sein, ist GLAUBEN. Glauben an die Mutter Natur, Glaube an Dich selbst, Glauben an das Wirken des Universums. Auch wer in der Frage des Glaubens unsicher ist, hat immer noch die Intuition, um ihn zu fühlen, ob man es nun Hilfe durch die Engel nennt oder nicht. Es gibt immer Zufälle, die einem helfen, ob man nun daran glaubt, daß sie von Gott dirigiert werden oder nicht. Der Tanz geht weiter, unabhängig von der Einstellung der einzelnen dazu.

Wie unterscheidet sich das Vertrauen in Gott von religiösen und kulturellen Praktiken, Traditionen und Doktrinen?

Das Merriam Webster-Lexikon definiert das Wort Glauben* als Glauben und Vertrauen in Gott, als Treue und Loyalität. Das Wort ist auch austauschbar mit Religion wie z. B. »sie ist Anhängerin des Hindu-Glaubens oder der Hindu-Religion.« Aber Glauben und Religion sind zwei verschiedene Dinge. Glauben ist Vertrauen, Gottvertrauen. Religion ist die besondere Praktik, der man sich verschreibt oder folgt. Das Lexikon nennt es das organisierte System des Glaubens und der Verehrung.

Man kann Gottvertrauen haben und einem bestimm-

---

* *faith* im Engl., bedeutet sowohl Glaube als auch Vertrauen. *Anm. d. Übers.*

ten religiösen System wie dem Christentum, Judentum oder Islam (oder irgendeinem von zahllosen anderen) angehören. Oder man hat Gottvertrauen, aber folgt keiner bestimmten Religion.

Teil vier

Kommunikation mit den Engeln

Gott ist kein kosmisches Zimmermädchen,
das uns bedient, wenn wir nach ihm läuten.
Harry Emerson Fosdick

W<small>IE KOMMUNIZIEREN WIR</small> mit den Engeln? Auf einfache Weise und ganz natürlich, während wir schlafen und während wir wach sind. Wenn wir es versuchen, und wenn wir überhaupt nicht daran denken.

Aber wie wir bei den folgenden Erzählungen von Erfahrungen mit Engeln sehen werden, orchestrieren die Engel die Ereignisse zu unserem Besten, und obwohl wir sie in so ziemlich jeder Situation anrufen können, mag uns ihre Reaktion überraschen!

In Teil drei sahen wir, daß ein Bewußtsein von den Engeln den ersten Schritt darstellt, um göttliche Hilfe zu erkennen. Nun, in Teil vier, werden wir sehen, daß dieses Bewußtsein der Schlüssel zur Kommunikation mit den Engeln ist.

WIE ERSUCHE ICH UM UNTERSTÜTZUNG DURCH DIE ENGEL?

Wie wäre es mit »Hilfe!!«? Das funktioniert meistens.

Wir können es einfach denken oder uns intensiv darauf konzentrieren. Wir können es laut aussprechen. Wir können es von Dächern herabschreien.

Es kann eine beiläufige Bemerkung sein oder eine direkte Bitte. Die Engel hören beides.

Der Schlüssel ist, ihrer Hilfe gegenüber offen zu sein, und es ist wichtig zu lernen, ihre Antworten zu erkennen, die zumeist in Form direkter Unterstützung oder eines tiefinneren Gefühls kommen.

Wir brauchen keine Zeremonien durchzuführen oder irgend etwas Formelles zu tun, aber wir können, wenn wir es wollen. Wer nicht daran gewöhnt ist, seinen Instinkten zu folgen, mag es hilfreich finden, einigen der Anweisungen zu folgen, die ich anbiete. Sie helfen dabei, die Aufmerksamkeit zu erhöhen.

1. Sei Dir dessen bewußt, daß Du zu jeder Zeit Zutritt zu Deinen Engeln oder zu Engeln im allgemeinen hast.

2. Sei Dir dessen bewußt, daß du laut oder im Geist zu ihnen sprechen kannst. In jedem Fall werden sie Dich hören.

3. Sei Dir dessen bewußt, daß Deine Bitten sehr spezifisch sein müssen. Engel nehmen die Dinge manchmal sehr wörtlich. Erläutere ihnen die Dinge sehr klar. Wenn du das tust, wirst Du auch für Dich die Dinge klären.

4. Sei Dir dessen bewußt, daß Du Dich für die ewige und dauerhafte Hilfe der Engel immer bedanken solltest. Das ist schließlich ein Gebot der Höflichkeit.

5. Achte auf Deine Reaktionen: Das bedeutet, positiv zu denken und Vertrauen zu haben, daß die Engel Dir helfen werden.

6. Achte auf Deine innere Einstellung; sei humorvoll. Die Engel sind es ganz sicher auch. Es hilft, auch wenn es in harten Zeiten schwierig sein mag, etwas zum Lachen zu finden.

7. Achte auf Deine innersten Gefühle, auf Deine Instinkte und Deine Intuition: Das sind Deine Engel, die zu Dir sprechen!

8. Achte auf Zufälle, Synchronizitäten, Glücksfälle und Ironien des Schicksals: Auch sie werden von den Engeln verursacht!

9. Achte darauf, offen zu sein. Sei intellektuell, emotional und spirituell offen für die kleine Stimme, die Dir Dinge erzählt, offen für Deine Instinkte, für das innere Führungssystem, das die Engel sind.

10. Achte auf die Botschaften. Hör zu, nimm sie wahr, lerne! Du wirst beginnen, Muster und Führung in Deinem Leben zu erkennen. Du wirst Vertrauen in Dich selbst gewinnen und dadurch in die Führung durch Deine Engel.

Natürliche Kommunikation

Alles, was du tun mußt, ist, an die Engel zu denken. Sie beobachten und hören immer zu. Öffne dich ihnen nur im Geist. Werde Dir Deiner Instinkte, Deiner Intuition und Deiner innersten Gefühle bewußt. Das sind die Engel, die zu Dir sprechen!

Es gibt zwei Phasen bei der Kommunikation mit Engeln; eine aktive und eine passive.

In der aktiven Phase bitten und beten wir.

In der passiven Phase entspannen wir uns und lassen die Engel durch uns arbeiten; wir erhalten und absorbieren ihre Energie.

Wer auf Visionen und Lichter wartet, sollte das besser vergessen. In 90 Prozent der Fälle erscheinen die Engel nicht mit Trara! Sie lassen nur die Dinge geschehen, synchronisieren Ereignisse, bringen Menschen in Dein Leben, beschützen Dich und reagieren auf Ängste und Probleme genausogut wie auf positive Situationen.

Bei jedem gibt es wenigstens ein Ereignis pro Tag (und vermutlich zwanzig!), das auf die Engel zurückzuführen ist, ob wir uns dessen nun bewußt sind oder nicht. Es ist einfach, sich dessen bewußt zu sein. Halten Sie ein und denken Sie nach, was heute geschah. Stimmts? Vermutlich haben Sie bereits eine ziemlich lange Liste. Von nun an werden sie bewußt sein. Es ist wirklich so einfach.

Es gibt Zeiten, da wir das Bedürfnis haben, uns zurück-zuziehen und mit den Engeln Kontakt aufzunehmen. Folgende Schritte können dabei sehr hilfreich sein:

1. Machen Sie es sich bequem: Weite, lockere Kleidung anziehen, Schuhe ausziehen. Setzen Sie sich in entspannter Haltung oder legen Sie sich hin.
2. Schließen Sie alle Ablenkungen aus: Menschen, Haustiere, Telefon, Fernsehen, Lärm.
3. Wählen Sie aus, was Sie hören möchten: ruhige Musik, Windspiele oder Stille.
4. Atmen Sie einige Male tief durch, um sich zu entspannen. Atmen Sie langsam. Nehmen Sie beim Einatmen positive Gefühle und Licht auf, geben Sie beim Ausatmen alles Negative ab.
5. Wenden Sie sich zuerst an Gott. Preisen Sie Ihn und danken Sie Ihm für alles.
6. Bleiben Sie locker. Sie müssen sich nicht ernst und feierlich fühlen, nur entspannt.
7. Gehen Sie im Geist die Liste der Dinge durch, bei denen Sie Unterstützung wünschen. Bitten Sie bei jedem Punkt einen speziellen Engel um Hilfe und bedanken Sie sich bei ihm schon im voraus.
8. Gestalten Sie einen Engel-Altar: Stellen Sie an einem speziellen Platz – auf einem Tisch, in einer Ecke – Dinge auf, die Sie an die Engel erinnern, z.B. Karten, Anstecknadeln, Bilder. Sie können auch eine Duftlampe oder Räucherkerzen dazustellen.

WIR BEKOMMEN NICHT IMMER, WAS WIR WOLLEN

Auch wenn das schwierig zu akzeptieren ist, die Wahrheit ist, daß wir die Dinge erst bekommen, wenn wir bereit dafür sind. Wir müssen lernen und wachsen. Wir haben vielleicht das Gefühl, daß wir JETZT für eine Beziehung, Beförderung oder was auch immer bereit sind, aber wir müssen uns daran erinnern, daß es für alles Gründe gibt. Wir müssen vielleicht noch mehr Lektionen lernen, mehr Erfahrungen machen, bevor wir für das bereit sind, was wir uns gewünscht haben.

Geduld, Geduld, Geduld.

Und es gibt einige Dinge, die niemals genau so geschehen werden, wie wir sie gerne hätten. Erinnern Sie sich an das Sprichwort, »Wenn Gott eine Tür verschließt, öffnet Er eine andere.« Wenn Sie auf die Ereignisse in Ihrem Leben zurückblicken, werden Sie sehen, daß das, auch wenn Sie es ungern zugeben, absolut wahr ist.

Was wir WOLLEN, mag etwas sein, das nicht gut für uns ist, oder von dem das Universum in seiner unendlichen Weisheit glaubt, daß wir es nicht haben sollten.

Wir müssen uns auch daran erinnern, unseren Teil dazu beizutragen, um unsere Träume zu verwirklichen.

Und wir müssen Vertrauen haben.

Und außerdem geschehen viele wirklich wunderbare Dinge, die sich sogar als BESSER herausstellten als das, was wir ursprünglich wollten!

Ich erinnere mich da an ein altes jiddisches Sprichwort, das die Sache sehr gut trifft: »Der Mensch plant, und Gott lacht.«

MISSACHTUNG DER ENGEL

Engel schaffen viel Freude und Energie in unserem Leben. Aber es widerstrebt uns manchmal so sehr, unseren Instinkten zu vertrauen, daß wir uns schließlich doch in der Patsche wiederfinden.

Wenn wir annehmen, daß unsere Instinkte Botschaften des Göttlichen sind, können wir uns entspannen und uns nach ihnen richten. Natürlich ist es nicht immer so einfach, weil wir uns und unsere Instinkte in Frage stellen. Entscheidungen zu treffen ist eine komplizierte Sache.

Shakespeare sagte, »Deinem eigenen Selbst sei treu«, und wir haben diese Empfehlung wohl auch oft von unseren Eltern gehört. »Sei einfach Du selbst«, predigen viele Eltern.

Aber was geschieht, wenn wir kein Vertrauen haben und dieser kleinen inneren Stimme nicht folgen?

Gewöhnlich enden wir in einer Sackgasse.

Mit vertieftem Bewußtsein sehen wir die Konsequenzen unserer Handlungen, und am Ende können wir immer erkennen, daß der beste Weg der ist, unseren Instinkten zu folgen, solange sie gesund und harmlos sind.

Das klingt bei den Erzählungen von Erfahrungen mit Engeln immer wieder an.

MEINE LISTE DER ENGEL

Ich ordne allem in meinem Leben einen Engel zu. Sie werden vielleicht lachen, wenn Sie meine Liste lesen, aber es funktioniert für mich! Fertigen Sie eine Liste von allem an, bei dem Sie sich Unterstützung durch die Engel wünschen. Ich bringe die Liste immer auf den neuesten Stand, und Sie werden das vielleicht ebenfalls tun wollen.

1. ENGEL FÜR ERNÄHRUNG – Hilft mir, das richtige zu essen.

2. ENGEL FÜR GYMNASTIK – Ermutigt mich, wenn ich einen persönlichen Trainer brauche.

3. ENGEL FÜR KOPFWEH – Ist seit Jahren bei mir und vielleicht einer meiner wichtigsten Engel.

4. ENGEL FÜR FINANZEN – Hilft mir, meine Finanzen in Ordnung zu halten, auch wenn ich selbst es bin, die sich um die Einnahmen und Ausgaben kümmern muß.

---

5. ENGEL FÜR GESCHÄFTSMÖGLICHKEITEN – Hält Augen und Ohren für mich offen, wie in einem Netzwerk der Engel.

6. ENGEL FÜR SPASS UND GELÄCHTER – Sorgt dafür, daß ich von beidem genug habe.

7. ENGEL FÜR SICHERHEIT UND SCHUTZ – Erhält mich unverletzt, lebendig und gesund.

8. ENGEL FÜR GLÜCK – Wir alle brauchen einen solchen.

9. ENGEL FÜRS FERNSEHEN – Hält für mich nach Möglichkeiten Ausschau, wie ich meine Arbeit anderen mitteilen kann.

10. ENGEL FÜRS RADIO – Hilft mir, wenn ich im Radio über meine Arbeit spreche.

11. ENGEL FÜR BÜCHER – Beaufsichtigt die Verbreitung meiner Arbeit in Form von Büchern.

12. ENGEL FÜR STÄDTEREISEN – Arbeitet wie ein Reiseleiter und hält die Dinge für mich in Ordnung, wenn ich von Stadt zu Stadt reise.

13. ENGEL FÜRS ZUHAUSE – Hilft mir im Haus.

14. ENGEL FÜR HEILUNG – Mit körperlicher, emotionaler, geistiger und spiritueller Gesundheit betraut.

15. ENGEL FÜR MEDIZINISCHE ASPEKTE – Hilft mir, mit Ärzten und anderen im Gesundheitswesen Beschäftigten zu arbeiten.

16. ENGEL FÜR MASSAGE – Sagt dem Masseur, wie er die Knoten aus meinen Schultern, Hals und Rücken herausmassieren kann.

17. ENGEL FÜR LIEBE – Hilft mir, Liebe und Romantik aufrechtzuerhalten.

18. ENGEL FÜR KOMMUNIKATION – Ist mit allem betraut, das in meinem Kopf ist und kommuniziert werden soll.

19. ENGEL FÜR REISEN – Hilft mir bei allen Aspekten meiner Reisen.

20. ENGEL FÜR HARMONIE UND FRIEDEN – Erhält mich gesund und glücklich.

21. ENGEL FÜR ENERGIE – Gibt mir Antrieb.

22. ENGEL FÜR SORGEN – Löscht dunkle Sorgen aus.

23. ENGEL FÜR ÄNGSTE – Hilft mir, mutig zu sein.

24. ENGEL FÜR SPIRITUALITÄT – Erhält meine Aufmerksamkeit gegenüber Spirituellem aufrecht.

Kürzlich hatte ich eine kleine Operation an meinem Fuß, also beauftragte ich einen besonderen Engel damit, meinem Fuß beim Heilen zu helfen. Habe ich mit Versicherungsangelegenheiten zu tun, ersuche ich einen Engel, für mich den Weg zu ebnen. Und wenn ich an bestimmten Projekten arbeite, bitte ich einen Engel, mir bei meinen Anstrengungen beizustehen. Sie können einen Engel für alles in Ihrem Leben beauftragen!

Engel-Gebet

Ich bitte darum,
daß Gottes Wille auch mein Wille sei.
Wenn das, worum ich bitte, nicht zu meinem Besten ist,
entfernt diese Wünsche und gebt mir, was für mich am besten ist.

Laßt mich lernen, was immer ich lernen muß.
Liebe Engel, ich bete um ein Bewußtsein eurer
Gegenwart
und bedanke mich für eure Anwesenheit.
Helft mir, für eure Energien empfänglich zu werden.

Liebe Engel, laßt eure Liebe und euer Licht weiterhin
hell durch mein Leben scheinen, und geleitet mich
durch alle Fährnisse.

Liebe Engel, laßt mich euch nahe sein
und eurer Anwesenheit bewußt.

Gebet an den Schutzengel

Am Morgen:
Engel Gottes, mein schützender Engel,
dem Gottes Liebe mich anvertraut hat,
sei allzeit an diesem Tag an meiner Seite,
um mich zu erleuchten und zu führen,
um mich zu beherrschen und zu leiten.

Am Abend:
Gute Nacht, mein Schutzengel,
der Tag ist vergangen;
ob gut oder schlecht,
seine Geschichte steht geschrieben.
Du reines und helles Abbild
Gottes gütiger Vorsehung,
bewache nun meinen Schlaf.
Schutzengel mein, gute Nacht!

Schutzengelgedicht für Kinder

Vier Engel an meinem Bett,
vier Engel um meinen Kopf.
Einen zum Wachen und einen zum Beten
und zwei, um meine Seele mitzunehmen.

Neunzehntes Jahrhundert

An einem verschneiten Wintertag vor neun Jahren fuhr Vanessa Bock, damals Ende Zwanzig und Mutter eines vier- und eines fünfjährigen Kindes, zur Kirche, als etwas Außergewöhnliches geschah.

»Die Straßen waren stark vereist, und es hatte an diesem Morgen geschneit«, erinnert sie sich, »so daß über der Eisschicht eine frische Schicht Schnee lag. Aber es war ein wunderschöner, sonniger Tag.«

Die junge Mutter aus St. Peters, Missouri, fuhr langsam durch die Straßen. Sie befürchtete, sie würde es nicht bis zur Methodisten-Kirche schaffen, ihr Wagen könnte von der Straße abkommen oder in einer Schneewehe steckenbleiben.

»Gott, Du wirst mir einen Engel senden müssen«, sagte sie, laut um Hilfe bittend, doch sie erwartete wohl kaum, was als nächstes geschah.

»Wir drehten uns auf dem Eis und endeten in einem Vorgarten im Schnee«, erinnert sich Vanessa. »Wir saßen dort für einen Augenblick. Wir waren alle in Ordnung, aber ich wußte nicht, wie ich das Auto wieder in Gang bringen sollte. Nun, aus dem Nichts tauchte ein Auto auf. Ich sah es nicht kommen und hörte es nicht.«

Ein kräftig aussehender junger Mann stieg aus dem großen, dunklen, altmodischen Auto und klopfte an ihr Fenster.

»Ich helfe Ihnen, das Auto herauszuziehen«, sagte er sehr höflich.

Der Mann hatte ein sehr freundliches Gesicht und trug nur ein weißes T-Shirt und eine Basketball-Jacke, kaum warm genug für diesen frostigen Nachmittag. Vanessa wollte ihm helfen, das Auto zu schieben, aber er gab ihr zu verstehen, daß er ihre Hilfe nicht benötigte. Nur mit seinen Händen schob der mysteriöse Mann ihr Auto aus der Schneewehe und zurück auf die Straße.

»Danke«, sagte sie durch das Fenster.

»Dann sah ich in meinen Rückspiegel, und er war verschwunden. Einfach so. Auch sein Auto. Es geschah im Bruchteil einer Sekunde. Ich hatte sein Auto nicht starten gehört, und ich weiß bei Gott nicht, wie er so rasch in sein Auto gekommen sein und weggefahren sein könnte. Es war unmöglich, aber er war einfach verschwunden«, sagt sie.

Vanessa und ihre Kinder kamen gut nach Hause, aber sie erzählte ihrem Mann lange nichts von ihrer Erfahrung, »weil ich nicht dachte, daß er mir glauben würde. Aber er glaubte es.«

Vanessa, ihr Mann und ihre Kinder leben nun in St. Charles in Missouri, wo sie als Sekretärin arbeitet. Erst kürzlich fragte sie ihre Tochter, nun ein Teenager, ob sie an Engel glaubt.

»Ich erzählte ihr die Geschichte von dem Mann, der erschienen war, um uns im Schnee zu helfen«, sagt Vanessa, »und sie erinnerte sich daran. Engel waren zu jener Zeit nicht Teil meiner täglichen Aufmerksamkeit. Alles, was ich von ihnen wußte, war, was ich als Kind in der Sonntagsschule gelernt hatte. Aber nun rufe ich sie immer an. Ich habe immer das Gefühl, daß jemand oder etwas Geistiges mich bewacht.«

Denken Sie daran, daß Engel physisch eingreifen können. Und sie können Menschen vorbeischicken, die bei mechanischen Problemen helfen. Sie scheinen das ziemlich oft zu tun. Sie können nicht nur jemanden zu Ihnen leiten, um zu helfen, sondern sie werden auch SIE leiten, so daß Sie die geeignete Person finden. Ich habe von diesem System schon oft profitiert.

Kann man tatsächlich einen Engel in verkörperter Form oder Lichtform sehen?

Das geschieht nicht sehr oft, aber es GESCHIEHT. Ich habe Lichtformen gesehen, ich habe auch Engel in nebelhafter Körperform gesehen. Viele Menschen haben so etwas gesehen. Aber wenn es Ihnen nie passiert, verzweifeln Sie nicht! Sie müssen niemals einen Engel in irgendeiner Form SEHEN. Sie helfen dennoch.

Wann sehen Menschen Engel? Es gibt keine Regeln, aber die meisten Menschen, die berichten, sie gesehen zu haben, waren körperlich oder spirituell in höchster Not. Ich sah einmal einen Engel über meinem Auto schweben, um mich vor einem bevorstehenden Unfall zu bewahren. Manche Menschen sehen Engel, wenn sie krank sind. Manche Menschen sehen sie, wenn sie traurig sind oder Kummer haben.

Ich sah einmal einen Engel vor dem Bücherregal in

meinem Büro. Ich verbrachte gerade eine emotional schwierige Zeit, und der Engel kam, um mir zu zeigen, daß ich nicht verlassen war, daß ich Vertrauen haben sollte.

Kinder scheinen am besten darauf eingestimmt zu sein, engelhafte Formen zu sehen. Vielleicht deshalb, weil ihnen noch niemand gesagt hat, daß sie das NICHT tun können.

Eine dicke Schicht neugefallenen Schnees legte Jill Herans ländliche Gemeinde lahm. Es war spät am Vormittag, und ihre beiden Kinder, Laura und James, zu dieser Zeit beide Kleinkinder, beschäftigten sich mit ihrem Spielzeug.

Plötzlich fühlte sich Jill schlecht, schwach und leicht im Kopf. Ein seltsames Gefühl des Sinkens überkam sie, als sie telefonierte, um zu versuchen, Hilfe zu rufen. Wegen des Schneesturms waren die Notruf-Nummern besetzt, und Jill kam nicht durch. Schließlich sank sie von Schmerzen überwältigt auf das Sofa. Als sie sich zusammenkrümmte, fühlte sie, daß sie ihren Körper verließ. Sie sah auf die Jill nieder, die auf dem Sofa lag. Über ihr schwebend empfand sie keinen Schmerz, keine Angst, nur Frieden und eine ruhige Sicherheit, daß alles gut werden würde. Der Körper auf dem Sofa bewegte sich nicht. Während sie auf ihn hinabsah, dachte sie an ihre Kinder. GEHT ES IHNEN GUT?

Bei diesem Gedanken fand sie sich selbst über der Tür zu ihrem Schlafzimmer schwebend. Als Jill im Wohnzimmer zusammenbrach, hatten die Kinder in ihrem Zimmer auf dem Boden sitzend mit ihren Bauklötzen und Autos gespielt. WAREN SIE IMMER NOCH IM SCHLAFZIMMER?

Zwei riesige Lichtsäulen erschienen, und auf den zweiten Blick sah Jill, daß es Engel waren, die auf jeder Seite der Tür zum Schlafzimmer der Kinder standen. Jill sah in das Schlafzimmer hinein und bemerkte zwei weitere Engel, die mit ihren Kindern spielten.

»Wir müssen gehen«, sagte ein Engel zu Jill.

Im Bewußtsein, daß die Kinder in Sicherheit waren, ging Jill mit dem Engel. Ihr letzter Gedanke galt den wunderschönen Bergen draußen, die vollkommen vom Schnee bedeckt waren.

Während der nächsten drei Wochen in einem nahen Krankenhaus wechselte Jill von Bewußtsein zu Bewußtlosigkeit. »Später sagte man mir, daß fünf große Nierensteine eine Blockade verursacht hätten, die ein urämisches Koma auslöste«, sagte sie nun, zehn Jahre nach diesem schrecklichen und doch seltsam beruhigenden Tag. »Meine Großmutter fand mich am frühen Abend auf dem Sofa. Sie war die erste, die nach Hause kam. Sie hatte keine Ahnung, wie lange ich krank gewesen und wie lange die Kinder unbeaufsichtigt gewesen waren.«

Als Jills Großmutter das Haus betrat, fühlte sie Schauer am ganzen Körper, ihr war, als ob sie nur für einen Augenblick aus dem Haus getreten wäre und nicht tatsächlich acht Stunden lang fortgewesen war. Es war, als ob die Zeit stillgestanden hätte.

Als sie die Kinder im Schlafzimmer fand, waren sie in genau dem Zustand, in dem sie sie zuletzt gesehen hatte: fröhlich, sauber und trocken. »Es gab keinen Hinweis darauf, daß sie sich von dieser Stelle fortbewegt hatten«, sagte Jill. »Sie waren nicht gefüttert worden, und ihre Windeln waren trocken. Keinem der beiden fehlte etwas.«

Als die drei Jahre alte Laura gefragt wurde, wie ihr Tag gewesen war, antwortete sie: »Wir haben mit den Engeln gespielt.«

»Danach wußte ich, daß ich mich um meine Kinder nicht sorgen mußte«, sagte Jill. »Ich wußte, daß sie sich in guten Händen, in den Händen von Engeln befanden, in Gottes Händen.«

Kinder sehen Engel oft auf einfache Weise. Und später sagt man ihnen, daß sie nicht glauben sollen, was sie sahen. Das ist falsch. Jill bereicherte ihre Kinder spirituell, nicht nur, weil sie ihnen glaubte, sondern auch, weil sie sie über die göttliche Mission der Engel belehrte.

Barbara Therialuts Erfahrung mit Engeln, sagt sie, war »sehr bescheiden, ohne helles Licht oder bunte Farben.«

Vor zwanzig Jahren war sie eine junge Mutter mit zwei Kindern und lebte nahe dem Haus ihrer Schwiegereltern. »Ich hatte eine ziemlich schwere Grippe, und mein Mann war bei der Arbeit, also kamen meine Schwiegereltern herüber, um auf die Kinder achtzugeben«, sagt sie und erinnert sich dann, wie erleichtert sie sich fühlte, als sie kamen.

»Sie schickten mich ins Bett, aber ich schlief nicht, drehte mich nur wieder und wieder von einer Seite auf die andere. Ich hatte starke Schmerzen. Ich weiß nicht, weshalb, aber ich sah zum Fußende des Bettes und obwohl der Raum ziemlich dunkel war, sah ich zwei weiße Engel auf jeder Seite des Bettes auf mich hinabsehen.«

Sie wußte, daß sie sich ihr zeigten, um sie daran zu erinnern, daß sie behütet wurde, nicht nur von ihrer Familie, sondern von Gott.

Das war das einzige Mal, daß Barbara jemals Engel in physischer Form sah, aber sie weiß, daß sie stets um sie herum sind. »Dennoch«, sagt sie, »wünsche ich mir, daß ich sie wieder einmal SEHEN kann.«

Darline Beck, eine pensionierte Sekretärin aus Fort Lauderdale, sagt, daß sie zu dem Zeitpunkt in ihrem Leben, als sie am meisten Ermutigung brauchte, die Form eines Erzengels sah.

Nachdem sie eine Anzahl von Jahren außerhalb von Kalifornien gelebt hatte, kehrte Darline nach ihrer Scheiden 1989 wieder nach Kalifornien zurück.

»Es war eine sehr schwierige Zeit für mich«, sagt Darline. »Ich fragte mich, ob ich die richtige Entscheidung getroffen hatte, als ich mich scheiden ließ, aber ich wußte auch, daß ich mein Leben weiterleben mußte.«

»Eines Nachts«, sagt sie, »war ich alleine in meinem Bett, als ich über mir den Erzengel Michael schweben sah. Seine Flügel waren wie eine Decke über mir ausgebreitet, und ich sah ein lebhaftes blau-weißes Licht. Dann sprach er.«

»Hab keine Angst«, sagte der Engel zu Darline. »Alles wird gut werden.«

Darline fühlte sich durch diese Botschaft getröstet und sagt, daß sie sich immer, wenn sie sich entmutigt fühlt, an den Besuch erinnert, was ihr ein Gefühl von Frieden und Sicherheit gibt.

WIE SCHNELL REAGIEREN DIE BOTEN GOTTES?

Manchmal reagieren sie sogar noch, bevor man eine Möglichkeit hatte, eine Bitte zu beenden!

Sie reagieren sofort, morgen, nächste Woche, nächsten Monat oder zwanzig Jahre später. Gewöhnlich erhalten wir jedoch einen Hinweis darauf, daß sich etwas tut, auch wenn wir nicht die sogenannte endgültige Antwort bekommen. Auf manchen Gebieten arbeiten sie schnell und auf anderen langsam, Schritt für Schritt. Manchmal erkennen wir eine Antwort nicht, weil wir um eine bestimmte gebeten hatten und eine ANDERE bekommen. Und natürlich können wir manchmal nicht sagen, ob wir eine Reaktion erhalten haben, weil es eine Weile dauert, um die Arbeit der Engel zu erkennen. Wir sehen kleine Bruchstücke, und erst viel später können wir das ganze Bild und ihre Arbeit sehen.

In den frühen Achtzigern besuchte Debbie eine Schule für Krankenpflege und lebte in Miami. Ihre Freundin Bonnie holte sie eines Abends ab, und die beiden genossen einen nächtlichen Ausgang, eine willkommene Abwechslung vom Lernen und der Krankenhausausbildung.

»Wir waren nach South Beach gefahren«, erinnert sich Debbie, »und das war vor der großen Renovierung, die dort während der letzten zehn Jahre durchgeführt wurde. Zu jener Zeit begannen sie gerade damit, einige der alten Art Deco-Hotels zu renovieren.«

Es war eine warme Nacht mit einer leichten Brise, sehr idyllisch mit den schwankenden Palmen und den Geräuschen der nahen Brandung.

Sie parkten ihr Auto in einer kleinen Seitenstraße, stiegen aus, schlossen die Türen und merkten dann, daß sie irrtümlicherweise die Schlüssel im Auto eingesperrt hatten.

»Wir waren in Panik«, erinnert sich Debbie. »Wir hatten unsere Handtaschen unter die Sitze gelegt, so daß wir nichts bei uns hatten, keinen Cent. Und die Schlüssel waren im Auto.«

»Mein Vater besitzt einen extra Schlüsselbund für mein Auto«, sagte Bonnie. »Wenn wir ihn nur anrufen könnten, dann würde er mit den Schlüsseln hierherkommen. Aber wir haben nicht einmal eine Münze!«

Debbie sagte immer wieder, »Wenn wir nur eine Münze hätten, um anzurufen. Wir könnten ein Münztelefon finden. Wenn wir nur eine Münze hätten.«

Wenige Augenblicke später erregte etwas ihre Aufmerksamkeit.

»Ich sah nieder«, sagt Debbie, »und da lag eine helle, scheinende, neue Münze auf dem Boden.«

Sie fanden ein Münztelefon, riefen Bonnies Vater an, er brachte den Reserve-Schlüsselbund, und die beiden Freundinnen kamen sicher und gesund nach Hause.

»Das war eine Nacht, an die ich mich immer noch erinnere«, sagt Debbie. »Ich erkannte, daß ich einen Schutzengel hatte. Es war mehr als nur Zufall, daß eine Münze genau dann erschien, als ich sie brauchte.«

WELCHE FORM NEHMEN DIE ANTWORTEN DER ENGEL AN?

Es können Vorahnungen oder Zufälle sein, oder das Gefühl, es »einfach zu wissen«.

Oder die Antworten sind konkreter. Man hat um etwas ersucht, und es zeigt sich! Man hat um bestimmte Umstände gebeten, und genau das geschieht!

Manchmal sind die Antworten auch nicht so offenkundig, weil sie sich in Teilen oder nach und nach im Laufe der Zeit erst erschließen.

Ellen Dwyer aus Lauderhill in Florida erzählt folgende Geschichte.

Ich habe immer gewußt, daß mir mein Schutzengel durch einige angstvolle Augenblicke in meinem Leben durchgeholfen hat.

Jeden Morgen, wenn ich bete, schließe ich das Erzengel-Gebet mit ein und ersuche meine Engel auch, meine Enkelkinder zu beschützen.

Kinder und Enkelkinder waren für mich stets die »Juwelen in den Kronen ihrer Eltern«, und manchmal, wenn ich Eltern sehe, die sich über das Betragen ihres Kindes ärgern, sage ich ihnen, daß sie den Rubin oder den Diamanten in dem Kind sehen müssen.

1992 hatte ich die Gelegenheit, nach Israel zu fahren, und als ich in der Geburtskirche in Bethlehem war, sah ich eine wunderschöne Statue der Madonna, umgeben von Engeln. Ich meditierte, dankte Gott für meinen eigenen, wunderbaren Schutzengel, und dachte darüber nach, daß ich irgendwo gelesen hatte, daß man seinem Schutzengel einen Namen geben könne. Ich dachte dann, daß mein Schutzengel vielleicht bereits seinen eigenen Namen hatte, und betete, daß ich ihn, wenn möglich, eines Tages erfahren würde.

Eines Morgens, einige Wochen später, war ich mit meinem zweijährigen Enkel Andrew auf dem Spielplatz. Ich saß ruhig da, dankte Gott für dieses schöne Enkelkind und grübelte darüber nach, was für eine Art Juwel Andrew sein könnte: ein Diamant, ein Rubin oder eine Perle, und fügte dann spaßeshalber hinzu, vielleicht Kohle?

Als ich so saß, hörte ich eine innere Stimme wispern: »*lapida*« oder »*lapidus*«. Als ich nach Hause kam, sah ich im Lexikon nach, aber ohne die beiden Wörter zu finden. Ich fand jedoch das Wort *Lapidar*, das heißt »in Stein gehauen«.

Ich glaube, daß mir damit der Namen meines Engels enthüllt wurde, und wenn ich nun mein Engel-Gebet sage, füge ich den Namen Lapidus hinzu – den Namen meines wunderbaren Engels.

Engel arbeiten oft telepathisch. Sie geben uns Eindrücke, so wie sie Ellen den Namen ihres Schutzengels enthüllten. Ich habe mit ihnen auf diese Weise mein ganzes Leben lang kommuniziert. Tatsächlich ziehen sie diese Methode meistens vor, weil sie so rasch funktioniert.

»SEI VORSICHTIG, WAS DU DIR WÜNSCHT, DENN ES KÖNNTE SEIN, DASS DU ES BEKOMMST«

Das kennen wir alle, nicht wahr? Wir wünschten uns etwas, und nachdem wir es erhalten hatten, erkannten wir sofort, etwas später oder vielleicht erst nach einigen Jahren, daß es alles in allem nicht gut für uns war.

So weise wir uns gerne wähnen, so schwierig ist es manchmal für uns, den Unterschied zu erkennen, zwischen dem, was wir WOLLEN, und dem, was wir BRAUCHEN. Das Universum tut immer sein Bestes, um uns mit dem zu versorgen, was wir BRAUCHEN, und kann dabei äußerst erfolgreich sein, wenn auch wir unseren Teil dazu beitragen. Was die Dinge betrifft, die wir WOLLEN, so können wir auch diese oft bekommen, und sozusagen mit dem Segen des Universums, aber danach müssen wir erst sehen, ob Sie wirklich zu unserem Vorteil sind oder nicht.

Einige unserer Lektionen im Leben haben vielleicht damit zu tun. Wir wollen etwas oder jemanden SO SEHR, daß das Universum tatsächlich sagt, »Okay, Du glaubst also, daß Du das wirklich BRAUCHST, nun gut, ich werde Dir helfen, und nachdem Du es bekommen hast, laß uns sehen, was Du daraus lernst!«

Manchmal kann das Universum Dinge ziemlich wörtlich nehmen, wie in der Geschichte, die ich einmal von einer Frau hörte, die unablässig darum betete, daß der richtige Mann in ihr Leben treten möge. Sie fertigte sogar eine Liste von allen Qualitäten an, die sie bei einem Partner suchte. Nun, sie traf ihn bald, und er war wunderbar. Er war genau, was sie sich vorgestellt hatte, und besser! Und er war verrückt nach ihr. Da gab es nur ein Hindernis: Diese neunundzwanzigjährige Frau hatte vergessen, in ihren Gebeten und in ihrer Liste anzuführen, daß der ideale Partner in ihrem Alter sein sollte. Der Mann, der daraufhin auftauchte, war siebzig Jahre alt! Obwohl sie diesen Mann sehr mochte, betrachtete sie ihn natürlich nicht als potentiellen Lebenspartner.

WAS GESCHIEHT, WENN MAN DIE BOTSCHAFTEN DER ENGEL IGNORIERT?

Sie werden weiterhin versuchen, den Menschen zu erreichen.

Und wenn er fortfährt, sie zu ignorieren, wird er den Preis dafür bezahlen müssen. Dieser Preis mag klein sein oder groß. Man kann sofort daraus lernen und dann vielleicht fähig sein, der ursprünglichen Botschaft entsprechend zu handeln.

Wenn sie jedoch nicht viel Zeit haben, ist man gut beraten, ihrer Botschaft zu folgen, sobald man sie gehört hat. Wenn man sich beispielsweise in einer gefährlichen Situation befindet und sich dessen nicht bewußt ist, bis sie einen darauf aufmerksam machen, sollte man besser zuhören!

Besonders frustrierend ist es, wenn man das Gefühl hat, eine Botschaft zu erhalten und dann davon abgehalten wird, entsprechend zu handeln.

Ob wir Botschaften schlicht ignorieren oder es uns unmöglich ist, sie voll zu befolgen, immer gibt es Konsequenzen. Die Engel bestrafen uns NICHT dafür, daß wir nicht auf sie hören – das wäre die falsche Sichtweise. Engel sind vielmehr wie rotes und grünes Licht an einer Ampel. Wir wissen, was von uns erwartet wird, wenn wir an einer Kreuzung rotes Licht sehen. Wenn wir nicht anhalten und die Warnung befolgen, gehen wir ein Risiko ein.

Cassandra war fünfzehn Jahre alt und lebte mit ihrer Mutter, ihrem Vater und einem jüngeren Bruder im Südwesten, als sie ihre tiefste und frustrierendste Erfahrung mit den Engeln machte.

Obwohl sie wußte, daß die Führung richtig war, war sie machtlos, diese Führung in Handlung umzusetzen.

Das kritische Ereignis fand im Februar statt, aber wie Cassandra erklärt, begann der Ablauf der Ereignisse achtzehn Monate früher.

»Der Vater meiner Mutter starb«, sagt Cassandra. »Dann, sieben Monate später, starb ihre Mutter. Meine Mutter war niedergeschmettert, weil sie beiden sehr nahe gewesen war. Sie waren ihr Sicherheitssystem, weil mein Vater und sie keine gute Ehe führten. Wir besuchten meine Großeltern mindestens einmal im Monat, und sie kamen auch oft zu uns. Sie lebten ungefähr einein-halb Stunden von uns entfernt.«

Cassandras Mutter, die sich stets in einem unsicheren emotionalen Zustand befunden hatte, glitt nach dem Tod ihrer Eltern in eine Depression.

»Ich war erst vierzehn, aber ich mußte alle Dank-schreiben für Blumen und Kränze nach dem Begräbnis schreiben, weil meine Mutter es nicht tun konnte«, sagt Cassandra, die in der Beziehung zu ihrer Mutter immer schon mehr die Eltern- als Kindrolle einnahm. »Die Depression wurde einfach tiefer und tiefer.«

Cassandras Mutter mußte die Verantwortung für den Besitz ihrer Eltern übernehmen, und weil sie im Grund-stückswesen arbeitete, übernahm sie den Verkauf des Hauses. Acht Monate, nachdem Cassandras Großmutter gestorben war, wurden immer noch Verkaufsverhandlun-gen geführt.

»Meine Mutter plante, an einem Samstag zum Haus meiner Großeltern zu fahren, um die anderen Grund-stücksmakler zu treffen und Dokumente fertigzustellen, die den Verkauf betrafen.«, erinnert sich Cassandra, für die die Szene noch so lebendig ist wie an jenem Tag vor zwölf Jahren. »Einige Tage davor begannen bei mir Visionen oder Tagträume, daß das Auto meiner Mutter in einen hölzernen Pfosten an der Seite der Autobahn hineinfahren würde. Ich fühlte, daß es prophetische Visionen waren. Ich wußte einfach, daß mir etwas gezeigt wurde, das geschehen würde.«

Cassandra machte sich Sorgen wegen der Fahrt ihrer Mutter zum Haus der verstorbenen Großeltern. Sie wollte sie nicht alleine fahren lassen. »Mein Gefühl während dieser Visionen war, daß der Unfall ein Selbstmordversuch sein würde«, erinnert sie sich. »Ich wußte, wenn sie alleine dorthin fuhr, würde sie den Unfall haben, den ich dauernd sah.«

Cassandra hatte neben der Schule noch einen Teilzeitjob in einem Warenhaus. Sie war an diesem Samstag bei der Arbeit ab 5 Uhr nachmittags eingeteilt und sie versuchte vergeblich, den Abend frei zu bekommen oder mit einer anderen Angestellten zu tauschen, so daß sie mit ihrer Mutter fahren konnte.

»Ich versuchte, meine Mutter zu überreden, um 5 Uhr nachmittags nach Hause zu kommen, so daß ich mit ihr fahren und immer noch rechtzeitig zur Arbeit gehen konnte«, sagt sie, »aber meine Mutter wollte nicht zustimmen. Sie sagte mir nur, daß sie nicht wüßte, wie lange das Treffen dauern würde. Es war eindeutig, daß sie diese Fahrt alleine machen wollte, und ich glaube ernsthaft, weil sie versuchen wollte, sich umzubringen.«

Weil sie bei ihrer Mutter nichts erreichen konnte, wandte sich Cassandra an ihren Vater und bat ihn, ihre Mutter an diesem Tag zu begleiten. Er willigte ein, mit ihr zu fahren.

»Ach, mach Dir keine Sorgen, es ist alles in Ordnung«, sagte Cassandras Mutter zu ihm. »Da ist nichts dabei.«

Weil er nichts von Cassandras Sorgen wußte – sie erzählte ihm nichts von ihrer Vision –, gab er nach, als seine Frau darauf bestand, alleine zu fahren.

»Als das nicht funktionierte«, erinnert sich Cassandra, »entschloß ich mich, mich am Samstag bei der Arbeit krank zu melden, so daß ich mit meiner Mutter fahren konnte. An diesem Samstagmorgen wachte ich auf und sagte ihr, daß ich das tun würde. Sie weigerte sich, mich mit ihr fahren zu lassen. Sie war entschlossen, alleine zu fahren.«

»Ma, ich mache mir Deinetwegen Sorgen«, sagte Cassandra an diesem Morgen.

»Es ist alles in Ordnung«, antwortete ihre Mutter. »Geh nur zur Arbeit.«

Was aber seltsam war, sagt Cassandra, war, daß sie geplant hatte, an diesem Abend nach der Arbeit mit Freunden auszugehen, und ihre Mutter war darüber sehr zornig geworden.

»Meine Mutter wurde kaum jemals wegen etwas derartigem mit mir böse«, erinnert sich Cassandra. »Es war sehr seltsam.«

Cassandra fragte sich, ob ihre Mutter sie an diesem

Abend nach der Arbeit um 9 Uhr zu Hause haben wollte, so daß die Familie zusammen sein würde, wenn die Nachricht vom Unfall kam.

»Meine Mutter war von dem Treffen mit dem Makler nicht zurück, als ich um 5 Uhr nachmittags zur Arbeit ging«, sagt Cassandra. »Und ich ging zur Arbeit. Mein Vater besuchte einige Freunde, und mein Bruder blieb zu Hause.«

Als Cassandra an ihrer Arbeitsstelle gesagt wurde, da sei ein Anruf für sie, zitterte sie.

»Es war mein Bruder, der anrief, um mir zu sagen, daß meine Mutter einen Autounfall gehabt hatte«, erinnert sie sich. »Ich hatte diese Vision die ganze Woche und besonders an diesem Samstag gehabt, und so war ich nicht überrascht.«

»Wie geht es ihr?« fragte Cassandra ihren Bruder.

»Sie wissen es noch nicht«, antwortete er.

Cassandras Bruder rief ihren Vater an, und er fuhr zum Krankenhaus.

»Möchtest Du früher gehen?« fragte Cassandras Chef.

»Nein«, sagte sie. »Es ist schon in Ordnung.«

Cassandra fühlte, daß ihre Mutter okay war.

»Es war ganz verrückt«, erinnert sie sich. »Ich wußte, daß sie nicht tot war, aber ich hatte keine Ahnung, wie es ihr ging.«

Als sie um 9 Uhr abends mit der Arbeit fertig war, fuhr sie in das Krankenhaus und nahm zwei ihrer Arbeitskolleginnen mit.

»Ich war wütend auf meine Mutter, weil sie das getan

hatte, und auf mich selbst, nehme ich an, weil ich nicht fähig gewesen war, es zu verhindern«, sagt sie. »Als ich in das Krankenhaus kam, sagte mir die Polizei, daß sie hätte tot sein müssen. Genauso wie ich es im Geiste die ganze Woche über gesehen hatte, hatte sie ihr Auto geradewegs in den Holzpfeiler gefahren.«

Cassandras Mutter war aus dem Auto geschleudert worden, und das hatte ihr offensichtlich das Leben gerettet. Wäre sie im Auto geblieben, sagten die Experten, wäre sie mit Sicherheit gestorben, weil das Auto umkippte und das Dach zertrümmert wurde. Niemand konnte erklären, wie sie aus dem Auto geschleudert worden war, und man einigte sich schließlich darauf, daß die Tür aufgegangen war.

»Ihre Verletzungen waren verhältnismäßig gering. Sie hatte zwei gebrochene Arme, zwei gebrochene Rückenwirbel und Quetschungen«, sagt Cassandra. »Sie war am ganzen Körper schwarz und blau, und sie konnte sich nicht bewegen.«

Cassandra verbrachte die Nacht bei ihrer Mutter im Krankenhaus. Obwohl sich ihre Mutter vollkommen erholte, dauerte es zweieinhalb Jahre und bedurfte vieler Operationen an ihren gebrochenen Armen, bis sie geheilt war.

»Ich habe ihr nie von meinen Visionen erzählt«, sagt Cassandra. »Die Leute fragten meine Mutter, wie der Unfall passiert war, doch sie konnte ihn nie erklären. Drei Jahre nach dem Unfall trennte sie sich von meinem Vater und begann eine Therapie.«

Cassandra konfrontierte ihre Mutter nie mit ihrem Verdacht, daß es ein Selbstmordversuch war, doch einmal führten sie ein ziemlich ungewöhnliches Gespräch, wie Cassandra sagt.

»Sie sagte mir, ihr Therapeut dachte, der Unfall sei ein Selbstmordversuch gewesen«, sagt Cassandra. »Sie sprach niemals wieder darüber, aber das bestätigte mir, daß das, was ich gesehen hatte, richtig gewesen war.«

Engel können sehr leicht Prophezeiungen geben. Man muß kein biblischer Prophet sein, kein heiliger Mann und keine Weise Frau, um sie genau dann zu erhalten, wenn man sie braucht.

Cassandra erhielt die Prophezeiung vom Unfall ihrer Mutter, aber sie war nicht in der Lage, ihn zu verhindern. Als die Engel den Unfall nicht durch Cassandra verhindern konnten, verhinderten sie, daß der Unfall tödlich ausging, indem sie direkt mit Cassandras Mutter arbeiteten, und sie aus dem Auto schleuderten, bevor es zertrümmert wurde.

Gary Wilson, ein Rundfunkintendant aus Miami, nennt diese Prophezeiungen »Botschaften aus dem Universum«.

Jeder, sagt er, »hat schon einmal etwas derartiges erlebt, eine Vorahnung, oft etwas, das einen rettet.«

Er glaubt, daß »wir diese Botschaften viel häufiger erhalten, als uns bewußt ist, und daß wir oft Entscheidungen treffen, die sich auf diese Botschaften gründen und die sich dann als richtig herausstellen.«

Wilson, vierzig Jahre alt, sagt, daß er immer diese leise Stimme hört, die ihm sagt, was richtig ist.

Hört er immer auf sie? »Nun, das ist eine andere Sache«, lacht er. »Wenn ich nicht auf sie höre, erkenne ich später, daß ich es hätte tun sollen. Manchmal hören wir nicht darauf, weil wir glauben, es sei nur Wunschdenken oder es sei übervorsichtig. Wir sollten viel öfter auf sie hören.«

TUN DIE ENGEL JEMALS ETWAS, OHNE DASS SIE GEBETEN WERDEN?

Natürlich tun sie das!

Sie wissen, was jemand denkt, also können sie behilflich sein, bevor noch die Bitte formuliert ist. Sie tun Dinge, die auf dem beruhen, was GUT für jemanden ist oder was dabei hilft, wichtige Lektionen zu lernen.

Und wie wir wissen, können sie Menschen retten oder ihnen die Informationen geben, die sie benötigen, um sich selbst zu retten. So kommen sie uns am häufigsten zu Hilfe, ohne gebeten worden zu sein. Es ist ihre Aufgabe!

1990 entkam Marge Cowan, die mit ihrem Mann Irving das berühmte Diplomat Hotel in Florida besitzt, einem verheerenden Autounfall, gerettet, wie sie glaubt, durch einen Schutzengel und den Geist ihrer verstorbenen Mutter.

Am Tag zuvor, dem zehnten Todestag ihrer Mutter, hatte Marge eine JAHRZEIT-Kerze angezündet, die in der jüdischen Tradition jedes Jahr am Todestag eines geliebten Menschen angezündet wird. Diese besondere Kerze brennt vierundzwanzig Stunden lang, und kurz vor der vierundzwanzigsten Stunde ging Marge aus, um Besorgungen zu machen.

Sie fuhr alleine und hatte den Blick nur für einen Augenblick von der Straße abgewandt. Als sie wieder aufsah, fuhr sie geradewegs auf eine Baumgruppe zu.

»Ich versuchte, nach links auszuweichen, um die Bäume zu vermeiden«, erinnert sie sich. »Aber ich fuhr geradewegs in sie hinein, und mein Auto überschlug sich.«

Jemand, der dabeigestanden hatte, lief zu dem Auto und zog Marge durch das Fenster heraus.

»Mindestens hundert Menschen versammelten sich, das Auto ging in Flammen auf, es kamen Polizeiautos und Rettungswagen«, erinnert sich Marge. »Aber ich ging einfach vollkommen unverletzt von dem Auto fort. Ich hatte nicht einmal einen blauen Fleck abbekommen. Ich trug sogar immer noch meine Sonnenbrille!«

Als sie etwas später nach Hause kam, entdeckte sie schockiert, daß die JAHRZEIT-Kerze noch brannte – nach mehr als NEUNUNDZWANZIG Stunden.

»Das hatte es noch nie gegeben«, sagt Marge. »Sie brennen nur vierundzwanzig Stunden. Ich wußte, daß das ein Zeichen meiner Mutter war, daß sie mich beschützt hatte, und daß das der Grund war, weshalb ich unverletzt war.«

Beim Anblick der Kerze erinnerte sie sich, daß eine Frau an der Unfallstelle zu ihr gesagt hatte »Die Engel müssen über Ihnen wachen.«

»Ich wußte, daß sie recht hatte«, sagte Marge. »Und ich fühlte, daß es meine Mutter gewesen war, die an diesem Tag mein Schutzengel gewesen war.«

1969 war Ron Renneberg ein junger Polizist und arbeitete an seinem Geburtsort in Connecticut. Obwohl er erst einige Jahre bei der Polizei war, wußte Ron bereits, wie wichtig es war, seinen Instinkten zu vertrauen. Jeden Tag »sagte mir eine innere Stimme, dieses oder jenes solle ich tun«, erinnert er sich. Wenn er auf diese Stimme hörte, kam es oft zu einer Verhaftung oder er bekam Informationen. An diesem besonderen Tag rettete sie sein Leben.

Er war in der zweiten Hälfte einer Doppelschicht, die am vorangegangenen Abend um acht Uhr begonnen hatte. Seine Kontrollroute beinhaltete die Gegend seines Elternhauses, also legte er eine Pause für ein schnelles Frühstück mit seiner Mutter ein. Sein Vater tat an diesem

Morgen Dienst in der Funkzentrale und wußte, wo sein Sohn war. Anstatt ihn über Polizeifunk zu kontaktieren, rief er ihn einfach zu Hause an.

In einem Haus in der Nachbarschaft war ein Einbruchsalarm ausgelöst worden.

»Keine Eile«, sagte sein Vater. »Es gab schon öfter falschen Alarm in diesem Haus.«

Aber etwas sagte Ron, daß dies kein falscher Alarm war. Er lief zu seinem Polizeiwagen und entschied sich, Licht und Sirene zu benutzen, aber alles abzuschalten, bevor er sich dem Haus näherte.

»Ich beobachtete die Vorderseite des Hauses und sah nichts, was mir seltsam vorkam«, erinnert sich Ron. »Aber etwas sagte mir, zur Rückseite des Hauses zu gehen. Ich kam zu der überdachten Veranda an der Rückseite und fand die Tür offen und das Fenster über dem Türschloß eingeschlagen.«

Ron zögerte. Normalerweise wäre er geradewegs durch die geöffnete Hintertür des Hauses gegangen. Aber nicht diesmal. »Etwas veranlaßte mich, in den Raum auf der rechten Seite hineinzusehen, dessen Tür geschlossen war. Ich wußte nicht, wohin diese Tür führte, aber ich öffnete sie, schob sie sehr langsam auf und trat beiseite, so daß ich durch den Spalt hindurchsehen konnte.«

Es war ein Badezimmer, und in ihm stand ein Mann, den Ron erkannte.

»Wir hatten ihn bereits früher wegen Einbruch verhaftet. Er war heroinabhängig.«

Und diesmal hatte er auch einen Wagenheber.

»Ich schob den Pistolenlauf durch die Tür und sagte ihm, er solle den Wagenheber fallen lassen, legte ihm Handschellen an, durchsuchte und verhaftete ihn.«

Daß er die rechte Tür geöffnet hatte, rettete Rons Leben.

»Hätte ich statt dessen die Haustür geöffnet, hätte ich ihn niemals gesehen, weil er sich im Badezimmer versteckte, und er hätte mir den Schädel eingeschlagen.«

Ron verließ die Polizei nicht lange danach, als »einer der bösen Buben«, wie er sagt, seinen Hals aufschlitzte. Er genießt nun ein friedlicheres Leben und hat eine geruhsame Arbeit in Florida.

Wo war sein Schutzengel an JENEM Tag?

Ron antwortet darauf sofort: »Ich bin AM LEBEN, oder etwa nicht?«

Jill Hearn wachte eines Morgens um vier Uhr aus einem beunruhigenden Traum auf.

»Ich wußte, daß eine meiner Freundinnen mich brauchte, sagt sie. »Also fuhr ich zu ihr, und sie brauchte tatsächlich Hilfe.«

Jill blieb einige Stunden und begann dann ihre Fahrt nach Hause. Der Morgen brach an, der Himmel wurde heller, aber Jill ließ »als Vorsichtsmaßnahme« ihre

Scheinwerfer an, als sie auf der äußersten linken Spur der sechsspurigen Autobahn südwärts fuhr.

Weit vor ihr auf der Gegenfahrbahn kreuzte ein kleiner Lieferwagen die Spuren Richtung Norden auf die Mittellinie zu. Sie war sicher, daß er sah, daß sie sich näherte.

»Aber er hielt nicht an. Er fuhr geradewegs über die Mittellinie und in meine Spur. Er verlangsamte seine Fahrt nicht und gab sich nicht die Mühe, Ausschau zu halten. Als ich erkannte, daß er nicht anhalten würde, stieg ich auf die Bremse, aber ich war zu nahe, es war zu spät. Als er schließlich bemerkte, daß ich da war, bremste er ebenfalls, aber es war zu spät.«

Während ihr Auto weiterhin auf den Lieferwagen zufuhr, bereitete sich Jill auf den unvermeidlichen Zusammenstoß vor.

Der Lieferwagen knallte in die Tür auf der Fahrerseite. »Ich beobachtete erstaunt, wie sich der Unterbau des Lastwagens durch die Motorhaube und den Motor meines Autos durchschob. Seine Bremslichter befanden sich unmittelbar vor meiner Windschutzscheibe. Als ich beobachtete, wie der Lastwagen in Zeitlupe geradewegs durch mein Auto hindurchfuhr, hatte ich ein Gefühl, als ob die Zeit stillstände.«

Der Lieferwagen hielt an, und Jill starrte den Fahrer an. Er starrte sie an. »Uns blieb der Mund offenstehen. Wir saßen einfach nur da und starrten uns gegenseitig an.«

Beide waren vollkommen unversehrt.

»Ich bin davon überzeugt«, sagt Jill, »daß ich tot wäre, hätte mein Schutzengel Joseph nicht eingegriffen.«

Jill Hearns Schutzengel, den sie Joseph nennt, ist sich auch nicht zu gut für ein wenig Spaß in der Küche.

Als sie eines Tages einen Topf Hühnersuppe mit Nudeln zubereitete, merkte sie, daß etwas zu viel Fleischbrühe im Topf war. Während sie überlegte, ob sie etwas davon ausgießen sollte oder nicht, hörte sie eine Stimme.

»Teile die Brühe in zwei Hälften und hebe die eine Hälfte auf«, schlug die Stimme in ihrem Kopf vor.

Warum nicht, dachte sie. Und anstatt die extra Brühe wegzuschütten, goß sie sie in eine Schüssel und stellte sie beiseite.

Sie fuhr mit ihren Vorbereitungen fort und fügte zur Brühe, die im Topf siedete, Gewürze hinzu. Nachdem sie getrocknete Petersilie eingestreut hatte, bemerkte sie etwas, das eindeutig NICHT im Rezept enthalten war: Jede Menge Insekten schwammen in ihrer Suppe. Die Petersilie im Glas war im Schrank schlecht geworden.

Jill regte sich jedoch nicht auf. Sie goß die Suppe weg und begann mit der Brühe, die sie beiseite gesetzt hatte, aufs neue.

»Ich bedankte mich bei Joseph dafür, daß er mich dazu gebracht hatte, etwas von der Brühe beiseitezustellen«, sagt Jill, »und fragte ihn, weshalb er mir nicht gesagt hatte, daß die Petersilie verdorben war.«

»Du hast nicht gefragt«, antwortete Joseph.

Glauben Sie nicht, daß die Engel sich nicht um kleine Dinge kümmern. Sie lieben die kleinen Dinge. Das Leben ist nur eine Reihe von kleinen Dingen. Und die Engel, wie Jill herausfand, können manchmal gerade mit den kleinen Dingen ihren Spaß haben.

Len möchte nicht, daß sein wirklicher Name verwendet wird, weil er nicht weiß, was seine Freunde und Kollegen von seinen Erfahrungen halten würden, und sogar ER ist nicht wirklich sicher, ob er sie einem Glücksfall oder spiritueller Hilfe zuschreiben soll.

Er witzelt, daß er im Frühling und Sommer 1969 wohl einen sehr beschäftigten Schutzengel gehabt habe, einen, der ihn nicht nur einmal, sondern zweimal vor dem Tod oder zumindest vor schwerer Verletzung bewahrte.

Len, ein sehr erfolgreicher Mediziner, ist unverheiratet und besitzt ein wunderbares, sehr großes Haus in einem Vorort. Er hofft, einmal zu heiraten und in diesem Heim, in dem er seit Jahren lebt, eine Familie zu gründen.

Als ein Tornado durch das baumbestandene Stück Land bei seinem Haus hindurchfegte »und dreißig Bäume in meinen Pool schleuderte«, schlief er in seinem Schlafzimmer im zweiten Stock. Die entwurzelten, dreißig Meter hohen Bäume verfehlten das Dach seines Hauses nur um wenige Meter. »Hätten sie das Dach getroffen«, sagt er, »wären sie alle in mein Schlafzimmer hineingekracht.«

Dieses erste Ereignis bewirkte schon, daß sich Len die Nackenhaare aufstellten, aber einige Monate später begann er sich zu fragen, ob er nicht ein gezeichneter Mann war.

»Ich ging ein neues Auto kaufen«, erinnert er sich, »und trat durch den Haupteingang des Ausstellungsraumes eines Autohändlers.« Nachdem er einen Verkäufer gefunden hatte, stand Len nur einige Zentimeter vom Eingang entfernt und sprach über das Auto, an dem er interessiert war. Während sie ihr Gespräch fortsetzten, bewegten sie sich etwas weiter von der Tür fort.

»Plötzlich hörten wir ein furchtbares krachendes Geräusch«, sagt er, immer noch überrascht über das, was geschah. »Das Dach über der Eingangstür stürzte genau dort ein, wo ich nur fünf Minuten vorher gestanden war.«

Als ein Mann, der sich nichts vormachen läßt, und dessen Arbeit in der medizinischen Wissenschaft ihn dazu gebracht hat, Beweise und wissenschaftliche Fakten wichtiger zu nehmen als Spiritualität oder Glauben, wehrte sich Len zuerst dagegen zu glauben, daß jemand oder etwas ihn beschützt. Aber dann wies ein Freund ihn darauf hin, daß diese beiden Erlebnisse keineswegs Unglück bedeuteten.

»Du lebst noch, oder?« fragte sein Freund. »Es mag ein Unglück gewesen sein, daß ein Tornado mitten in der Nacht Bäume in Deinem Garten umgeworfen hat und daß das Dach im Laden eines Autohändlers einstürzte, aber es war ein göttlicher Eingriff, der Dich davor bewahrte, ein Opfer davon zu werden.«

Len stimmt zu, und wollte seine Geschichte hier mitteilen, auch wenn er immer skeptisch wird, sobald er daran denkt, was seine Mediziner- und Wissenschaftler-Kollegen von ihm denken würden, falls er offen über Engel sprechen würde.

Und doch ist er ein Mann, der an Gott glaubt und immer noch die Religion praktiziert, in der er erzogen wurde, ein Mann, der beabsichtigt, seinen Kindern eine religiöse Erziehung zu geben.

Vielleicht waren diese Erlebnisse Botschaften von den Engeln: »Wenn Du an Gott glaubst, dann solltest Du Dich vielleicht auch an uns erinnern, denn wir sind die Boten Gottes.«

Wir hören oft, daß Engel die Rolle Amors spielen. Weil Amor, der Gott der Liebe in der römischen Mythologie, als pausbäckiger kleiner Junge mit goldenen Locken dargestellt wird, sieht er der Darstellung eines Cherubims sehr ähnlich. Ein Cherubim ist ein Engel, Amor nicht.

Wenn die Engel Liebe bringen und Heiratsvermittler spielen, kann man überall Beweise ihrer Arbeit bewundern, weil sie Spuren von Zufällen und Glücksfällen hinterlassen.

Menschen, die verliebt sind, denken oft an die Güte und Selbstlosigkeit von Engeln und schreiben diese Qualitäten den Geliebten zu.

»Du bist ein Engel«, sagen sie.

»Sie hat das Gesicht eines Engels«, sagt ein verliebter Mann.

Romanzen und Engel treten in volkstümlichen Liedern, Filmen und Theaterstücken immer zusammen auf.

All das kam kürzlich für ein Paar ins Spiel, dessen Freundschaft, Werbung und Verlobung eindeutig von den Engeln unterstützt wurde.

Amy Phillips hatte gerade die Hoffnung aufgegeben, jemals den richtigen Mann zu finden. Mit fünfunddreißig, nach vielen Partnerschaften, von denen einige einer dauerhaften Beziehung sehr nahe kamen, warf diese bewundernswerte, kultivierte, freundliche junge Frau die Hände hoch und verkündete, »Ich gebe auf!«

Sie wußte, wonach sie suchte: nach einem Mann, der ihre Liebe für die Kunst teilte, besonders für das Theater, einem Mann, der erfolgreich, klug, gewitzt und voller Leben war, einem Mann, der seine tiefsten Gefühle, seine Ideen und Leidenschaften mitteilen konnte, einem Mann, der erwachsen war und alle Qualitäten besaß, nach denen wir alle Ausschau halten, wie Ehrlichkeit, Integrität und Verantwortlichkeit, der jedoch außerdem einen Sinn für Spaß hatte, ein Mann mit einer romantischen Seele. Und es würde nichts schaden, wenn er auch kochen konnte.

Amy hatte beinahe ein Dutzend Jahre als PR-Agentin für das Coconut Grove Schauspielhaus in Miami gearbeitet, aber sie verließ es, um ihre eigene Firma zu eröffnen, gerade bevor Allen Zipper dem Produktionsstab des Schauspielhauses beitrat. So lernten sie einander erst kennen, als sie mehrere Jahre später feststellten, daß sie in verschiedenen Büros unter demselben Dach arbeiteten.

»Vermutlich war ich damals noch nicht bereit, ihn zu treffen«, sagt Amy. »Ich hätte wohl gedacht, er sei zu jung, und ich war zu sehr damit beschäftigt, mit blendenden Männern auszugehen, die keine Substanz hatten, und die mir dann das Herz brachen. Ich mußte eine Menge lernen, bevor ich Allen kennenlernte.«

Allen sieht tatsächlich wie ein Engel aus, wie ein Cherubim mit Bart.

»Ich weiß, es klingt sentimental«, sagt Amy, »aber es ist, als ob Gott ihn speziell für MICH geschaffen hätte.

Über ein Jahr hinweg entwickelte sich eine Freundschaft zwischen ihnen. Allen war Produzent geworden und hatte ein ehrgeiziges neues Projekt, die Miami Skyline Theatre Company, mit begründet. Sie sollten im historischen Gusman-Zentrum in der Innenstadt spielen. Amy machte Öffentlichkeitsarbeit für viele Kunstorganisationen, inklusive Gusman, und hatte ihr Büro in dem Gebäude. Je besser sie Allen kennenlernte, desto überzeugter war sie, eine verwandte Seele gefunden zu haben. Er wurde ihr bester Freund. Sie hatten vieles gemeinsam, sie mochten die Gesellschaft des anderen, und sie brachte ihm großen Respekt entgegen. Es war offensichtlich, aber noch sah sie es nicht: Das war der perfekte Mann für sie.

Allen hatte es nicht nur gesehen, es hatte ihn praktisch wie ein Blitz getroffen. Er war verliebt.

Im Juli 1993, als Amy für zwei Wochen in Europa war, dachte sie viel an ihn. Sie vermißte ihn. Natürlich verwirrte sie das.

»Ich konnte nicht aufhören, an ihn zu denken«, erinnert sie sich, »und ich wußte nicht, was ich machen sollte. Ich wußte, wie sehr er mich mochte, aber ich wußte nicht, was ich fühlte. Ich war so daran gewöhnt, ihn als meinen Freund zu sehen.«

In früheren Beziehungen war Amy immer bewußt gewesen, daß sie ihren »Raum« brauchte. Aber auf Allen schien das niemals zuzutreffen. Sie liebte es, ihn um sich herum zu haben, und dachte nicht weiter darüber nach.

Als sie von ihrem Urlaub zurückkam, rief sie Allen sofort an.

»Es war Freitag nacht, und ich hatte an den Film ›Sleepless in Seattle‹ gedacht«, erinnert sie sich. »Er war gerade neu im Kino, und ich wollte ihn sehen. Also fragte ich Allen, ob er mit mir gehen wollte.«

Sie wußte nicht, daß die Engel bereits an der Arbeit gewesen waren. An diesem Nachmittag hatte Allen eine Notiz unter Amys Bürotür hindurchgeschoben. Er nahm wie lange das Gebäude offen war. Ich erzählte der Pförtnerin, daß ich meiner Freundin dort oben einen Heiratsantrag stellen wollte, und sie sagte mir, daß es da eine Gedenktafel gab, eine Fliese im Boden des Aussichtsdecks. Sie bestand aus einem Herzen und sagte ›Annie liebt Sam, *Sleepless in Seattle*, Juni 1993‹. Ich konnte es nicht glauben!« sagt Allen. »Ich erzählte Amy nichts davon.«

Es gibt vier Ausgänge zum Aussichtsverdeck des Empire State Building, einen in jeder Ecke. Obwohl Amy und Allen es nicht planten (die Engel TATEN es offensichtlich), führte die Tür, aus der sie kamen, genau vor die »Sleepless in Seattle«-Gedenktafel.

»Das war das erste, was ich sah, als wir die Tür öffneten«, sagt Amy. »Ich sah auf den Boden, und da war sie. Wir gingen rundherum, aber es war so windig und kalt in dieser Nacht, daß wir immer wieder zu dem Ort mit der Tafel zurückkamen. Das schien die wärmste Seite des Gebäudes zu sein!«

Auf der Herzfliese machte Allen Amy seinen Antrag.

»Möchtest Du meine Frau werden?« fragte er und schenkte ihr einen Diamantring als Verlobungsring.

»Ja«, rief sie und umarmte ihn.

Als sie später an diesem Abend in ihr Hotelzimmer zurückkehrten, machte Allen den Fernsehapparat an, und Szenen aus »Sleepless in Seattle« füllten den Bildschirm.

»Der Film war Teil des Videoprogramms des Hotels«, lacht Allen. »Und das war nur die Ankündigung kommender Attraktionen«.

an, daß sie sie sehen würde, wenn sie am Montag morgen zur Arbeit kam.

»Möchtest Du mit mir ›Sleepless in Seattle‹ ansehen?« hatte er geschrieben, nicht wissend, daß er vor Montag mit Amy sprechen würde.

»Das war unser erstes Rendezvous«, erinnert sich Amy. »Wir waren davor schon öfter ausgewesen, aber diesmal war es anders. Ich sah Allen auf neue Weise, und es war zum ersten Mal ein Rendezvous.«

Sonntag nacht sahen sie den Film an. Er gefiel ihnen beiden.

Am Montag sandte Allen Amy ein Dutzend Rosen. In dem Film kommen Sam und Annie schließlich zusammen, als sie auf der Spitze des Empire State Building aufeinandertreffen. Auf der Karte, die den Rosen beilag, stand: »Ich weiß nicht, wohin es uns führt, aber ich bin bereit, das Risiko einzugehen und Dich auf der Spitze des Empire State Building zu treffen. In Liebe, Allen.«

Ihre Romanze entwickelte sich rasch, und im Oktober sprachen sie schon von Hochzeit.

Ende November flogen sie für ein langes Wochenende nach New York, um die Premiere von Neil Simons neuem Broadway-Stück »Laughter on the 23rd Floor« zu sehen. Lewis Stadlen, einer von Allens Partnern in der Miami Skyline Theatre Company und sein künstlerischer Direktor, spielte in Simons neuer Komödie mit.

Sobald sie nach New York kamen, buchten sie ihr Hotel und fuhren direkt zum Empire State Building.

»Ich hatte von Miami aus angerufen, um zu fragen,

Am nächsten Abend gingen Amy und Allen zur Eröffnung von »Laughter on the 23rd Floor«, und die erste Person, die sie in der Halle des Theaters sahen, war Rosie O'Donnell, einer der Stars von – Sie vermuten es wohl – »Sleepless in Seattle«.

Allen hatte gerade Musik aus »Sleepless in Seattle« gesummt. Kurz nachdem er und Amy den Film sahen, hatte er den Soundtrack gekauft. Er bestand aus einer wunderschönen Mischung alter Melodien und enthielt »Make Someone Happy« von Jimmy Durante.

Als sie nach der Vorstellung hinter die Bühne gingen, um Lewis in seiner Garderobe zu besuchen, fiel Allen als allererstes ein großes Foto-Portrait von Jimmy Durante an der Wand auf. Lewis hatte es gerade aufgehängt.

Dienstag nacht gingen Amy und Allen im »Rainbow Room« im obersten Stock des Rockefeller Plaza tanzen.

Fast unmittelbar nachdem sie eingetroffen waren, begann die Band Lieder aus »Sleepless in Seattle« zu spielen. »Das paßt!« dachten beide, als sie auf die Tanzfläche gingen.

»Wir tanzten zu ›When I Fall in Love‹«, erinnert sich Amy.

»Und während wir tanzten, konnten wir das Empire State Building durch das Fenster sehen«, lacht Allen. »Als wir uns hinsetzten, kam eine Frau mit kleinen Spielzeugtieren an den Tisch. Ich kaufte Amy einen rosaweißen Bären.«

»Natürlich nannte ich ihn Seattle«, sagt Amy.

Als sie nach dem Verlobungswochenende nach Miami

zurückkehrten, war die Arbeit des »Sleepless-in-Miami«-Engels vorüber, und die Zufälle hörten auf.

Inzwischen sind Amy und Allen wahrscheinlich verheiratet. Sie witzeln schon darüber, daß sie mit ihren Hochzeitsreiseplänen vermutlich in Seattle landen werden.

Ach ja, noch etwas: Allen ist ein großartiger Koch.

Im Januar 1992 muß sich Nancys Schutzengel wohl zwecks Heiratsvermittler mit Erics Schutzengel getroffen haben.

Nancy, damals neununddreißig und frisch geschieden, hatte gerade in ihrer Boutique an der Südostküste die anstrengende Weihnachtssaison abgeschlossen.

»Ich freute mich auf einen ruhigen Tag am Strand«, erinnert sie sich. »Das Wetter war an diesem Tag schrecklich, es war sehr kalt und bedeckt, aber ich ging trotzdem.«

Nancy besuchte nicht nur immer den gleichen Strand, sondern auch immer den gleichen Platz.

»Es war mein Lieblingsplatz«, erinnert sie sich. »Aber als ich ankam, sah ich, daß auf MEINEM Platz das Handtuch und die Schuhe von jemand anderem lagen!«

Also legte sie ihr Badetuch einige Meter entfernt nieder. Sie versuchte sich zu entspannen. Ihre beiden Kinder waren während der Feiertage zu Hause gewesen und und nun an die Universität zurückgekehrt. Der Weihnachtsrummel im Geschäft war vorüber, und sie konnte sich endlich entspannen. Oder sie versuchte es zumindest.

»Ich fühlte mich rastlos«, erinnert sie sich. »Es war kalt, und ich setzte mich auf und legte mich dann wieder hin. Ich las in meinem Magazin, dann legte ich es wieder weg.«

Sie bemerkte, daß sie Gesellschaft hatte. Der Besitzer des Handtuchs und der Schuhe war zurückgekehrt. Er war ein gutaussehender Mann in etwa ihrem Alter.

»Er sah mich dauernd an«, erinnert sie sich. »Ich las ein wenig, dann blickte ich hoch und bemerkte, daß er mich ansah. Ich las ein wenig weiter, blickte hoch und fing wieder seinen Blick auf. Das geschah mindestens viermal. Ich beschloß, daß ich das nächste Mal, wenn ich hochsah und er mich wieder anstarrte, etwas zu ihm sagen würde. Ich wußte nicht, was ich sagen sollte. Ich dachte darüber nach und beschloß, nur zu sagen, »Mein Gott, heute ist es wirklich kalt.«

Und tatsächlich, als Nancy wieder hochsah, sah er sie an. Aber bevor sie ihren Mund aufmachen konnte, sprach er bereits.

»Mein Gott, heute ist es wirklich kalt«, sagte er.

»Ich konnte nicht glauben, daß er genau das gesagt hatte, was ich in diesem Augenblick vorhatte zu sagen«, erinnert sie sich.

Sie lächelte ihm zu, und die beiden begannen sich miteinander zu unterhalten.

Er fragte sie, ob sie am Strand spazierengehen wolle.

Er erzählte ihr, daß er jeden Winter für eine Woche in den Süden kam. Sein Zuhause und sein Geschäft waren im mittleren Westen. Nancy traf ihn am ersten Tag seines einwöchigen Aufenthaltes, und sie hatten die Möglichkeit, einander kennenzulernen, bevor er nach Hause zurückflog. Sie entdeckten viel Gemeinsames und viele Übereinstimmungen, nicht nur in ihrem gegenwärtigen Leben, auch in ihrer Vergangenheit, einschließlich früherer Gelegenheiten, einander zu treffen, als sie zur gleichen Zeit am gleichen Ort gewesen waren.

Als sie Eric schließlich traf, »saß er auf meinem Platz am Strand, und seine ersten Worte zu mir waren genau die, die ich vorhatte, ihm zu sagen.«

Die beiden führten nach wie vor eine Beziehung über die Entfernung hinweg, mit vielen Besuchen hin und her, doch in der Hoffnung, daß sie eines Tages das ganze Jahr über zur gleichen Zeit am gleichen Ort sein werden.

Die Engel bringen nicht nur Paare zusammen, sondern sorgen auch für entzückende und bedeutsame Zufälle rund um ihre Romanze. Und außerdem beschützen sie auch.

Vor einer Anzahl von Jahren genossen mein Partner und ich einen wunderschönen Tag an der Küste der Bahamas, als ich plötzlich das Gefühl hatte, daß wir beobachtet wurden. Ich sah mich um, konnte aber niemanden sehen. Etwas nervös ging ich am Strand spazieren, und während ich am Rand des Wassers dahinspazierte, hob ich einen Zweig auf und bat, Engelflügel in den Sand malend, um Schutz. Ich kehrte zu unserem Badetuch zurück, auf dem sich mein Partner immer noch in der Sonne aalte, und ging dann die wenigen Meter zu unserem Wagen, um ein Paar Jeans herauszunehmen. Gerade als ich das Auto erreichte, sprang ein bedrohlich aussehender Mann aus einem Busch heraus auf mich zu. Er trug ein buntes Tuch und schwang eine zerbrochene Flasche gegen mich. Ich betete um Hilfe und rief nach meinem Gefährten. Er kam gelaufen, fand mich verängstigt im Angesicht dieses schmuddeligen Fremden und griff ein. Die beiden Männer kämpften kurz miteinander. Ich bat die Engel um Hilfe und sah dabei ein helles blauweißes Licht zwischen die beiden Männer treten. Der Fremde sprang zurück und hörte zu kämpfen auf.

»Es tut mir leid, Lady, daß ich Ihren Urlaubstag verdorben habe«, sagte er zu mir, als er davonlief.

Jahre später, gleichfalls auf den Bahamas, lernte ich Tiefseetauchen. Unter Wasser bat ich um die Hilfe der Engel. Ich fühlte mich nicht wohl, so tief unten, ich machte mir Sorgen wegen der Strömung, wegen der Luft und wegen vieler anderer Dinge. Als ich daran dachte, erhielt ich die Botschaft, daß ich die Wahl hatte, daß ich nicht hier unten sein müsse, daß ich auch nur an der Oberfläche schnorcheln könne, was ich wirklich genoß. Die Engel lehrten mich an diesem Tag, daß wir immer die Wahl haben und daß ihr Schutz ein Teil davon ist.

WIE WEISS ICH, OB EIN EREIGNIS DAS ERGEBNIS DER HILFE VON ENGELN IST?

Es ist wie bei unseren innersten Gefühlen, wir »wissen« einfach, daß die Engel bei bestimmten Ereignissen ihre Hand im Spiel hatten. Je aufmerksamer wir sind, desto besser werden wir lernen, die Hilfe der Engel zu erkennen. Die einfache Antwort ist, daß sie in ziemlich jeden Aspekt unseres Lebens involviert sind, jeden Augenblick des Tages! Obwohl das schwer zu glauben sein mag, ist es eine grundlegende Wahrheit, daß wir ständig auf das Göttliche eingestimmt sind. Je stärker unser Glaube und unser Bewußtsein dieser Tatsache ist, um so mehr können wir göttliche Hilfe erkennen.

Audreys Geschichte umspannt drei Generationen und vierzig Jahre und bringt schließlich zwei Familien zusammen, um das Leben von Audreys kleiner Enkeltochter zu retten. Für Audrey gibt es keinen Zweifel, daß alles nur geschah, damit das Kind am Leben blieb. Und sie schließt, »es gibt keinen Zweifel, daß es göttliche Intervention war, die alles so fügte.«

Man braucht fast einen Familienstammbaum, um alles nachzuvollziehen, warnt Audrey, und sie beginnt mit ihrer unglaublichen Erzählung von Zufällen, Ehe-schließungen und Kindersegen.

1946 arbeitete Audrey bei einer Rundfunkstation in einer großen Stadt im Südosten, als sie Sally, eine Kollegin ungefähr in ihrem Alter, traf. Die beiden wurden sofort Freundinnen.

»Mein Bruder Lou kennt jemanden, den Du beim Tanzball der Soldaten treffen solltest«, erzählte Sally Audrey. »Er wäre perfekt für Dich.«

Der Zweite Weltkrieg lag nur einige Monate zurück, so daß diese Tanzbälle noch soziale Ereignisse waren. Audrey hatte vorgehabt, mit einem anderen jungen Mann hinzugehen. Sally erzählte jedoch wieder und wieder von Lous Freund, einem gutaussehenden jungen Mann namens Simon, der davon träumte, Redakteur zu werden und seine eigene Zeitung zu haben.

»Alles, was ich hörte, war Simon dies und Simon das«, erinnert sich Audrey.

Sie ging mit ihrem Rendezvous-Partner zu dem Tanzball, wo Lou, Sallys Bruder, Audrey mit Simon bekannt machte. Er hatte auch schon von ihr gehört.

»Innerhalb eines Jahres waren Simon und ich verheiratet«, sagt Audrey.

Simon und Audrey hatten drei Kinder, und beide verwirklichten auch ihre beruflichen Träume. Simon wurde Redakteur einer großen Tageszeitung im Süden, und Audrey leitete ein sehr erfolgreiches Interview-Programm im Radio.

Sally hatte ebenfalls geheiratet, und die beiden Paare

hielten den Kontakt aufrecht, obwohl sie nicht mehr in der gleichen Stadt wohnten.

1968 stellte Audreys Tochter Ellen ihren Freund Stephen Sallys Tochter Michelle vor und so fand sich ein weiteres Paar. Diese Heiratsvermittlung in der zweiten Generation funktionierte so gut wie in der ersten. Stephen und Michelle heirateten bald darauf.

1986 adoptierte Audreys Tochter Ellen, damals mehrere Jahre verheiratet, ein kleines Mädchen.

»Sie war allergisch gegen jede handelsübliche Säuglingsmilch«, erinnert sich Audrey. »Der Arzt sagte, das einzige, was wir nicht versucht hätten, sei Muttermilch. Aber wo findet man heutzutage eine Amme?«

Während eines ihrer häufigen Gespräche mit ihrer alten Freundin Sally erzählte Audrey von diesem lebensbedrohlichen Problem. Sallys Tochter Michelle hatte ebenfalls ein neugeborenes Baby, und sie stillte es.

»Weiß du«, sagt Sally, »es ist seltsam, aber Michelle hat *so* viel Milch, viel zu viel für ihr Baby. Sie hat sogar etwas davon eingefroren! Was Deine Enkeltochter braucht, ist Michelles überschüssige Milch.«

Audrey stimmte zu. Das war die Lösung, nach der sie suchte. Aber wie konnte man Michelles Milch mehr als tausend Meilen weit transportieren?

»So etwas wie Zufall gibt es nicht«, sagt Audrey. »In der folgenden Woche sollten Simon und ich an einer Konferenz in der Stadt teilnehmen, in der Michelle lebte. Und weil wir unser eigenes kleines Flugzeug haben, konnten wir einen großen Kühler mit Michelles eingefrorener Milch mit zurücknehmen. In einem normalen Flugzeug hätten wir dies nicht durchführen können.«

Als Audrey und Simon zurückkehrten, hatte ihre Enkelin genügend Milch für einige Monate.

»Ohne das wäre sie vielleicht gestorben«, sagt Audrey. »Wenn ich auf die Kette von Ereignissen zurückblicke, seit ich vor vierzig Jahren Sally traf, bis zu jenem Zeitpunkt, als die Milch ihrer Tochter das Leben meiner Enkelin rettete, bin ich sicher, daß es göttliche Intervention war. Zuerst begegnete ich durch Sally meinem Mann. Dann stellte meine Tochter Sallys Tochter dem Mann vor, den sie später heiratete. Und dann hatte Sallys Tochter nur zehn Tage vor der Geburt meiner Enkelin ein Kind. Michelle hatte mysteriöserweise all diese überschüssige Milch, und wir hatten keine. Wir waren in der Lage, sie für meine Enkelin hierher zu transportieren. Das war ohne Zweifel Gottes Werk.«

Wie wir anhand von Audreys Erzählung sehen können, vereinen sich Engel häufig, um zu helfen, wenn es viele Dinge zu erreichen gilt. Ein Mensch wird um so mehr Engel anziehen, je größer seine Mission ist.

Epilog

Wenn es Gott nicht gäbe,
müßte man ihn erfinden.
                    Voltaire

»Was für eine Welt, was für eine Welt!« seufzte die böse Hexe des Westens in »The Wizard of Oz«, als sie schmolz.

Ja, tatsächlich, was für eine Welt!

Unsere Engel versuchen uns vor den Gefahren dieser Welt, die wir bewohnen, und vor Menschen wie dieser bösen Hexe zu beschützen. Wie stets müssen wir UNSEREN Teil dazu beitragen.

Bei jeder Erfahrung in diesem Buch halfen die Engel über Gedanken, Intuitionen, Gefühle, Zufälle, Synchronizitäten und Glücksfälle. Das sind die Werkzeuge der Engel.

Und in jeder Geschichte taten die Männer, Frauen und Kinder ihren eigenen Teil. Manchmal erforderte das Handeln. Manchmal Denken. Immer erforderte es Vertrauen.

Um Shakespeare zu zitieren, »Deinem eigenen Selbst sei treu.« Folge Deiner inneren Stimme, dieser inneren Führung, und sie wird Dich in dieser Welt auf den richtigen Weg bringen. Es wird Dein Leben nicht perfekt machen, denn einige unserer Aufgaben im Leben mögen hart sein, aber wir sind immer dort, wo wir sein sollen, sogar wenn wir darüber nicht besonders glücklich sind!

Je MEHR wir auf dieses innere Wissen hören, desto seltener werden wir uns in Schwierigkeiten finden und desto fähiger werden wir sein, mit ihnen umzugehen.

Unsere Welt befindet sich in einem allmählichen Heilungsprozeß, der unser Bewußtsein vertieft. Wir streben nach Frieden und spiritueller Erleuchtung, Wissenschaft und Mystizismus beginnen sich zu überlappen und wir erforschen immer tiefer die unbekannten Bereiche unseres physischen und geistigen Universums.

Die Großen der Welt suchen den Frieden. Wer hätte gedacht, daß in unserer Lebenszeit die Berliner Mauer fallen würde? Und dann als Folge der Zusammenbruch des Kommunismus? Undenkbar! Aber es geschah. Wer hätte gedacht, daß Israel und die PLO zu einer Einigung kommen würden? Genauso undenkbar! Aber es geschieht.

Naturkatastrophen rund um den Erdball haben uns überwältigt. AIDS fegt durch eine Generation und nimmt die Besten und Intelligentesten mit sich. Unruhen und Bürgerkriege bedrohen die neugewonnene Freiheit von Nationen, die früher unterdrückt waren. Ist es ein Wunder, daß wir zur Zeit offener sind für die Hilfe der Engel als in den vergangenen Jahrzehnten? Wie viele Menschen beginnen in Krisen das Göttliche im Leben zu suchen?

Es sollte keiner Krisen bedürfen, damit wir das Göttliche, das Werk universeller Kräfte in unserem Leben anerkennen.

Ich möchte mit einigen Gedanken schließen, die für unser Leben nützlich sein können.

* Suche zuerst nach Gott, alles andere wird folgen.
* Kämpfe nicht zu sehr; überlasse es dem Göttlichen.
* Engel sind Inspiration.
* Gott ist eine Kraft, nicht ein Mann in einem Stuhl.
* Engel sind Lichtträger.
* Engel sind große Dirigenten.

Danksagung

Dieses Buch war eine Reise, und ich habe sie nicht alleine unternommen. Ich möchte meiner früheren Assistentin Darline Beck für dreizehn Jahre unaufhörlicher Unterstützung danken; Sy und Kathy Bonem für ihre Hilfe, damit ich zur richtigen Zeit am richtigen Ort bin; einer anderen früheren Assistentin dafür, daß sie genau dann in mein Leben eintrat, als ich sie brauchte; Marge und Irv Cowan, meinen treuen Freunden, die mir im Laufe meiner Lebensarbeit eine enorme Hilfe waren; und meiner Freundin Nina L. Diamond, einer Schriftstellerin und Lektorin, die dieses Buch bei jedem Schritt begleitete.

Dank an Erica und Alan, für Bücher über Judentum und Spiritualität aus ihrer umfangreichen persönlichen Bibliothek; an Lynn Franklin, meine unermüdliche Agentin und treue Freundin; an Cassie Jacoby, wie ich überzeugte Engel-Anhängerin und wahrhaft immerwährende Freundin; an Jacqueline Jannsen für ihre Vision und den Glauben an mich, und dafür, daß sie ein menschlicher Engel ist, der mir sowohl professionell als auch persönlich auf jede mögliche Weise eine echte Hilfe war; an Randal Jurkas, meinen früheren Manager, für all seine Jahre harter Arbeit und seinen Glauben an meine spirituelle Mission; an Bill Lirio, wie ich ein Wahrheitssucher und ein Freund, der fast schon Familie ist; an meinen Lektor Sydny Miner für eine erfreuliche Erfahrung; an meine treue Freundin Sheila MacRae, die so viele Jahre unterstützend und hilfreich war; an John Nero, der mich körperlich, spirituell und als Ernährungsberater in Freundschaft begleitete; an meine Schwester Sandra Post und meine Nichte Patti Post, die immer für mich da sind; an Debbie Rowley, eine meiner spirituellen Kolleginnen, dafür, daß sie mit mir die Erfahrung der Meditation und der Einstimmung auf die Engel teilte; und an meinen Neffen Daniel Silagy und seine Familie für ihre Liebe und Unterstützung.

So viele andere haben mir ihre Liebe, ihre Zeit, ihre Unterstützung und ihr Wissen geschenkt. Dank an meinen Stiefvater, Howard Simmons, für seine Freundschaft und Liebe; an die Autorin Terry Lynn Taylor, für ihre informativen und inspirierenden Worte; an meine persönliche Assistentin und größte Anhängerin, Wendy Thomas, für ihre Gebete und ihre Freundschaft; an Mike Warren von Inphomation, Inc., der mir während der letzten Jahren wunderbare Möglichkeiten verschaffte; an meine geistige Freundin und Kollegin Dionne Warwick, die meine spirituelle Aufgabe teilt; an den verstorbenen Rev. Jewel Williams dafür, daß er mir eine neue spirituelle Welt eröffnet hat; und an Mindi Rudan, Pam Johnson, Juanita Mazzarella, Laura Caster, Rob Killheffer und Howard Libin, deren Anregungen beim Schreiben dieses Buches hilfreich waren.

Besonderen Dank an meine geliebte Mutter, Marie Georgian Simmons, die mich inspirierte und unterstützte, die ihre spirituellen, intuitiven und heilenden Fähigkeiten an mich weitergab und nun von der geistigen Welt

aus über mich wacht; an meinen liebevollen Vater, Anthony Georgian, der mit meiner Mutter vereint ist und
mich leitet; an alle anderen, die ich liebte und die nun
von der geistigen Welt aus über mich wachen; an meinen
Hund Smarty, der immer weiß, wann ich Zuwendung
brauche, und immer da ist, um sie zu geben; und an
Gott, Jesus und die Engel, für ihre nie endende Führung.

Louise L. Hay

»Nur wer sich selbst akzeptiert und liebt, kann gesund werden und anderen Gesundheit bringen.«   Louise L. Hay

**Gesundheit
für Körper
und Seele**
Wie Sie durch mentales
Training Ihre Gesundheit
erhalten und Krankheiten
heilen

ESOTERISCHES
WISSEN

08/9542

Außerdem erschienen:

**Das Körper- und Seele-
Programm**
*Ein Arbeitsbuch zur mentalen
Heilung*
08/9588

Wahre Kraft kommt von Innen
08/9604

**Umkehr zur Liebe, Rückkehr
zum Leben**
Ein Buch zur Selbsthilfe
08/9613

Du bist Dein Heiler!
Stärkende Gedanken für jeden Tag
08/9905

**Liebe das Leben wie Dich
selbst**
Neue Meditationen
08/9921

Wilhelm Heyne Verlag
München

Silva Mind
Der Schlüssel zur
inneren Kraft

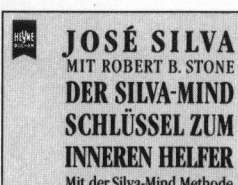

JOSÉ SILVA
MIT ROBERT B. STONE
**DER SILVA-MIND
SCHLÜSSEL ZUM
INNEREN HELFER**
Mit der Silva-Mind Methode
finden Sie den Weg zu
Ihren verborgenen Kräften

ESOTERISCHES
WISSEN

08/9599

Außerdem lieferbar:

José Silva/Philip Miele
Silva Mind Control
*Die universelle Methode zur
Steigerung der Kreativität und
Leistungsfähigkeit des menschlichen
Geistes*
08/9538

José Silva/Burt Goldman
Die Silva-Mind-Methode
Das Praxisbuch
08/9549

Robert B. Stone
Der Weg zu Silva Mind
*Das Geheimnis der Silva Mind
Methode und die Geschichte ihres
Begründers José Silva*
08/9615

José Silva/Robert B. Stone
**Die Silva Mind-Control-
Methode für Führungskräfte**
22/247

Wilhelm Heyne Verlag
München

Rüdiger Dahlke
Das Spirituelle
Weltbild

08/9574

Außerdem erschienen:

Mandalas der Welt
Ein Meditations- und Malbuch
08/9552

**Der Mensch und die Welt
sind eins**
*Wie oben, so unten: unsere
Existenz zwischen Mikrokosmos
und Makrokosmos*
08/9595

Die spirituelle Herausforderung
*Eine Einführung in die
zeitgenössische Esoterik*
08/9632

Habakuck und Hibbelig
Eine Reise zum Selbst
Esoterischer Roman
08/9904

Wilhelm Heyne Verlag
München

Abenteuer Tarot

Die kompetenten Begleiter zum kreativen Umgang mit den verschiedenen Tarot-Spielen und den vielfältigen Legesystemen.

08/9602

Außerdem erschienen:

Stuart R. Kaplan
Der Tarot
Geschichte, Deutung, Legesysteme
08/9565

Ulrike Dahm
Abenteuer Tarot
*Spiele und Anleitungen für
alle Lebenslagen*
08/9618

Emily Peach
Das Tarot Werkbuch
*Eine praktische Anleitung zum
Gebrauch des Tarot als Orakel
und als Mittel zur Erforschung
der menschlichen Seele*
08/9640

Wilhelm Heyne Verlag
München

Esoterische Astrologie

Der Mensch im Spannungsfeld kosmischer Kräfte

Wilhelm Heyne Verlag
München